ENCUENTROS

¡Apúntate! 4

Método de español

Grammatikheft

Cornelsen

¡HOLA!

Wir kennen uns schon aus **¡Apúntate! 1**, **2** und **3** – erinnerst du dich? Ich bin Don Grama, der Grammatikexperte!

Du findest zu jedem Thema spanische Beispielsätze und ein übersichtliches Schema zum Lernen der Regel. In der gelben Spalte auf der rechten Seite stehen die Erläuterungen auf Deutsch und Hinweise auf Besonderheiten.

Damit du nicht vergisst, was du schon in **¡Apúntate! 1**, **2** und **3** gelernt hast, findest du auf manchen Seiten die grünen **¡Acuérdate!**-Kästen. Hier kannst du grammatische Themen aus den letzten Schuljahren auffrischen. Diese Kästen erscheinen immer dann, wenn es eine Verbindung zu dem neu gelernten Stoff gibt. Wenn du z. B. gerade ein neues Relativpronomen gelernt hast, findest du im **¡Acuérdate!**-Kasten die Relativpronomen, die du schon aus **¡Apúntate! 1**, **2** und **3** kennst.

Die blauen Kästen am Ende eines jeden Paragrafen kennst du auch schon aus **¡Apúntate! 1**, **2** und **3**. Sie enthalten kurze Übungen zu dem jeweiligen Thema. So kannst du testen, ob du den neuen Grammatikstoff richtig verstanden hast. Damit du gleich selbst überprüfen kannst, ob du alles richtig gemacht hast, stehen die Lösungen direkt darunter.

Am Anfang deines Grammatikheftes findest du das Kapitel „Was du schon weißt", in dem du die grammatischen Themen nachschlagen kannst, die du in **¡Apúntate! 1**, **2** und **3** gelernt hast.

Im Inhaltsverzeichnis auf den Seiten 3 bis 4 kannst du nachschlagen, welche Themen in den einzelnen **Unidades** von Band 4 sowie im Kapitel „Was du schon weißt" behandelt werden. Wenn du gezielt nach einem bestimmten Begriff suchst, dann schaue im Index auf S. 61–63 nach. Dort findest du eine Liste mit den grammatischen Themen, die in diesem Heft auftauchen. Die Seitenzahlen dahinter zeigen dir die Fundstelle an.

Viel Spaß beim Stöbern und Lernen!

¡Nos vemos!

! Die Endungen des **futuro simple** bleiben auch bei den unregelmäßigen Verben immer gleich (**-é**, **-ás**, **-á**, **-emos**, **-éis**, **-án**).

¡Acuérdate!
Du kennst schon andere Relativpronomen:

que:
Me gustan las zapatillas **que** lleva Julia.

el que / la que / los que / las que:
Este es el cine en **el que** puedes ver la última película de Penélope Cruz.
Mañana hay una fiesta a **la que** van todos mis amigos.
Estos son los perros de **los que** María tiene miedo.
Hoy voy a ver a las personas a **las que** voy a invitar a mi cumpleaños.

lo que:
Siempre digo **lo que** pienso.

donde:
He comprado los vaqueros en la tienda **donde** trabaja mi tía.

Ergänze mit einer Form von **cuyo**:
1. La chica […] padre es alemán, está en mi clase.
2. El hotel […] dueños son mis tíos, está en el centro de Barcelona.
3. Este es el grupo catalán […] canciones no entendemos nunca.
4. Los libros en […] páginas hay muchos dibujos, son de mi hermano pequeño.
5. La casa […] puerta es verde, es la casa de mis abuelos.
6. El pueblo de […] nombre no me acuerdo, está en Cataluña.

Soluciones: 1. cuyo 2. cuyos 3. cuyas 4. cuyas 5. cuya 6. cuyo

WAS DU SCHON WEISST

1 **Das Nomen und seine Begleiter | El sustantivo y sus determinantes**

1.1 Der Singular und Plural der Nomen | El singular y el plural de los sustantivos

	♂	♀
Singular	amig**o**	cas**a**
Plural	amig**os**	cas**as**
Singular	profesor	ciudad
Plural	profesor**es**	ciudad**es**

Im Spanischen gibt es nur männliche und weibliche Nomen. Die meisten Nomen, die auf **-o** enden, sind männlich und die meisten Nomen, die auf **-a** enden, weiblich. Nomen mit der Endung **-ad** und **-ción**/**-sión** sind immer weiblich. Im Plural wird i. d. R. ein **-s** angehängt, wenn das Nomen im Singular auf einen Vokal endet und ein **-es**, wenn es auf einen Konsonanten endet.

INDEX | Índice

WAS DU SCHON WEISST

WAS DU SCHON WEISST

1 Das Nomen und seine Begleiter | El sustantivo y sus determinantes

1.1 Der Singular und Plural der Nomen | El singular y el plural de los sustantivos

	♂	♀
Singular	amig**o**	cas**a**
Plural	amig**os**	cas**as**
Singular	profesor	ciudad
Plural	profesor**es**	ciudad**es**

Im Spanischen gibt es nur männliche und weibliche Nomen. Die meisten Nomen, die auf **-o** enden, sind männlich und die meisten Nomen, die auf **-a** enden, weiblich. Nomen mit der Endung **-ad** und **-ción** / **-sión** sind immer weiblich. Im Plural wird i. d. R. ein **-s** angehängt, wenn das Nomen im Singular auf einen Vokal endet und ein **-es**, wenn es auf einen Konsonanten endet.

1.2 Die Artikel | Los artículos

1.2.1 Der bestimmte Artikel | El artículo determinado

	♂	♀
Singular	**el** chico	**la** chica
Plural	**los** chicos	**las** chicas

Lo importante es no ponerse tan nervioso.
Lo más importante para mí son mis amigos.

Neben dem männlichen und weiblichen Artikel gibt es auch den sächlichen Artikel **lo**, der entweder vor einem Adjektiv oder einem Superlativ steht.

1.2.2 Der unbestimmte Artikel | El artículo indeterminado

	♂	♀
Singular	**un** libro	**una** silla

Jaime lleva **unas** gafas muy modernas.

En el mercado hay **unas** manzanas muy dulces.
… ein paar …

Cuestan **unos** tres euros.
… etwa …

Die Pluralformen **unos** und **unas** werden nur vor Nomen benutzt, die ausschließlich im Plural gebraucht werden.

Sonst bedeuten die Pluralformen „ein paar" oder „etwa".

1.3 Die Possessivbegleiter | Los determinantes posesivos

	♂	♀
mein/e	**mi/s** amigo/s	**mi/s** amiga/s
dein/e	**tu/s** amigo/s	**tu/s** amiga/s
sein/e, ihr/e, Ihr/e	**su/s** amigo/s	**su/s** amiga/s
unser/e	**nuestro/s** amigo/s	**nuestra/s** amiga/s
euer / eure	**vuestro/s** amigo/s	**vuestra/s** amiga/s
ihr/e, Ihr/e	**su/s** amigo/s	**su/s** amiga/s

Die Possessivbegleiter richten sich im Numerus nach dem Besitzgegenstand. **Nuestro/-a** und **vuestro/-a** richten sich zudem auch im Genus nach dem Besitzgegenstand.

1.4 Die Demonstrativbegleiter | Los determinantes demostrativos

	♂	♀
Singular	**este** lápiz	**esta** revista
Plural	**estos** lápices	**estas** revistas
Singular	**ese** libro	**esa** goma
Plural	**esos** libros	**esas** gomas
Singular	**aquel** melón	**aquella** pera
Plural	**aquellos** melones	**aquellas** peras

Este bezieht sich auf Personen und Sachen, die sich beim Sprecher befinden: „der / die / das hier"; **ese** auf Personen und Sachen, die sich etwas weiter weg vom Sprecher befinden: „der / die / das da". **Aquel** bezieht sich auf Personen und Sachen, die sich relativ weit weg vom Sprecher befinden: „der / die / das dort (drüben)". **Aquel** wird jedoch in der alltäglichen Sprache häufig durch **ese** ersetzt.

1.5 Weitere Begleiter

alguno / ninguno

	♂	♀
Singular	**algún** coche **ningún** coche	**alguna** bici **ninguna** bici
Plural	**algunos** coches	**algunas** bicis

mucho / poco / demasiado / tanto / otro / cierto

	♂		♀	
Singular	**mucho** **poco** **demasiado** **tanto** **otro** **cierto**	arroz	**mucha** **poca** **demasiada** **tanta** **otra** **cierta**	leche
Plural	**muchos** **pocos** **demasiados** **tantos** **otros** **ciertos**	lápices	**muchas** **pocas** **demasiadas** **tantas** **otras** **ciertas**	chicas

! **Alguno** bedeutet im Singular „(irgend)ein/e" und im Plural „einige" bzw. „ein paar".
! Die männliche Form wird im Singular zu **algún / ningún** verkürzt.
! Die Pluralformen von **ninguno** werden nicht benutzt.

! **Otro** kann „ein/e andere/r/s" oder „noch ein/e" bedeuten.
! Vor **otro** steht im Gegensatz zum Deutschen nie der unbestimmte Artikel.

todo

	♂	♀
Singular	**todo el** pastel	**toda la** lechuga
Plural	**todos los** pasteles	**todas las** lechugas

! **Todo** bedeutet im Singular „der / die / das ganze" und im Plural „alle".
! Nach **todo** folgt ein bestimmter Artikel, ein Possessiv- oder ein Demonstrativbegleiter.

mismo

	♂	♀
Singular	**el mismo** hotel	**la misma** actividad
Plural	**los mismos** hoteles	**las mismas** actividades

! Vor dem Begleiter **mismo** steht ein bestimmter Artikel.

propio

	♂	♀
Singular	mi **propio** libro	mi **propia** idea
Plural	mis **propios** libros	mis **propias** ideas

! Vor **propio** steht häufig ein Possessivbegleiter. Es kann dort aber auch ein bestimmter Artikel stehen, z. B. **el propio nombre**.

cada

	♂	♀
Singular	**cada** día	**cada** semana
Plural	–	–

! **Cada** begleitet i. d. R. ein Nomen im Singular und bedeutet „jede/r/s" (**cada día** = „jeder Tag").
Folgt jedoch nach **cada** ein Zahlwort und ein Nomen im Plural, bedeutet es „alle" (**cada dos horas** = „alle zwei Stunden").
! **Cada** ist unveränderlich.

2 Das Adjektiv | El adjetivo

2.1 Die Bildung und Stellung im Satz | La morfología y la posición en la frase

Adjektive auf -o / -a

	♂	♀
Singular	un chico divertid**o**	una película divertid**a**
Plural	chicos divertid**os**	películas divertid**as**

Adjektive auf -e

	♂	♀
Singular	un profesor interesante	una ciudad interesante
Plural	profesores interesante**s**	ciudades interesante**s**

Adjektive auf Konsonant

	♂	♀
Singular	un examen fácil	una amiga difícil
Plural	exámenes fácil**es**	amigas difícil**es**

Das Adjektiv wird in Numerus und Genus an das Nomen angeglichen. Adjektive auf **-o / -a** haben eine männliche und eine weibliche Endung. Adjektive, die auf **-e** oder einen Konsonanten enden, haben nur eine Endung für männlich und weiblich. Im Plural wird ein **-s** bzw. **-es** angehängt. Das Adjektiv steht i. d. R. nach dem Nomen.

! un **buen** libro
! un **mal** día

Stehen die Adjektive **bueno** und **malo** vor einem männlichen Nomen, werden sie zu **buen** und **mal** verkürzt.

2.2 Der Komparativ | El comparativo

Pablo es **más alto que** Ana.
Ana es **menos alta que** Pablo.
= Ana **no** es **tan alta como** Pablo.

Bei Ungleichheit wird folgende Struktur verwendet: **más / menos** + *Adjektiv* + **que**. Das Adjektiv wird immer in Numerus und Genus an das Bezugswort angeglichen. Statt **menos** + *Adjektiv* + **que** verwendet man meistens **no** + *Verb* + **tan** + *Adjektiv* + **como**.

! bueno/-a → **mejor**:
Este libro es **mejor que** el otro.
! malo/-a → **peor**:
Esta película es **peor que** la otra.

Die Adjektive **bueno/-a** und **malo/-a** haben unregelmäßige Formen.

Mis amigos son **tan simpáticos como** los tuyos.

Bei Gleichheit wird folgende Struktur benutzt: **tan** + *Adjektiv* + **como**. Auch hier wird das Adjektiv immer in Numerus und Genus an das Bezugswort angeglichen.

2.3 Der Superlativ | El superlativo

Juan es **el alumno más atento** de la clase.
Elisa y Sofía son **las alumnas menos atentas** de la clase.

Der Superlativ wird folgendermaßen gebildet: *best. Artikel / Possessivbegleiter* + *Nomen* + **más / menos** + *Adjektiv*. Das Adjektiv wird immer in Numerus und Genus an das Bezugswort angeglichen.

! bueno/-a → **mejor**:
Sandra y Rosa son mis **mejores** amigas.
! malo/-a → **peor**:
El lunes es el **peor** día de la semana.

Die Adjektive **bueno/-a** und **malo/-a** haben unregelmäßige Formen. Außerdem werden die Formen **mejor** und **peor** vor das Nomen gesetzt.

2.4 Der absolute Superlativ | El superlativo absoluto

bueno/-a → buen**ísimo/-a**
grande → grand**ísimo/-a**
difícil → dificil**ísimo/-a**

Die Endung **-ísimo** wird an den letzten Konsonanten des Adjektivs angehängt und in Numerus und Genus an das Nomen angeglichen:
-ísimo, -ísima, -ísimos, -ísimas.
! Achte darauf, dass sich der Akzent verschieben kann:
difícil → **dificilísimo**.

! simpático/-a → simpatiqu**ísimo/-a**
! largo/-a → largu**ísimo/-a**

Bei Adjektiven auf **-co** und **-go** ändert sich im Superlativ die Schreibweise.

un libro buen**ísimo**
… unglaublich gut …

una casa grand**ísima**
… riesengroß …

exámenes dificil**ísimos**
… extrem schwierig …

Im Deutschen werden die Formen **-ísimo/-a** mit „sehr", „extrem", „unglaublich", etc. wiedergegeben.

3 Das Adverb | El adverbio

último/-a: últim**a** + mente → últim**a**mente
enorme: enorme + mente → enormemente
normal: normal + mente → normalmente

! bueno/-a → bien
! malo/-a → mal

Bei den Adjektiven auf -**o**/-**a** wird an die weibliche Form Singular die Endung **-mente** angehängt. Bei den Adjektiven auf **-e** und auf Konsonant wird einfach nur die Endung **-mente** angehängt.
Eine Ausnahme bilden die Adjektive **bueno/-a** und **malo/-a**: Die dazugehörigen Adverbien **bien** und **mal** sind unregelmäßig.

4 Die Zahlwörter | Los numerales

4.1 Die Ordnungszahlen | Los números ordinales

	♂	♀
Singular	el primer**o** el segund**o** el tercer**o** el cuart**o** el quint**o**	la primer**a** la segund**a** la tercer**a** la cuart**a** la quint**a**
Plural	los primer**os**	las primer**as**
!	el **primer** año el **tercer** libro	la primera vez la tercera calle

Die Ordnungszahlen richten sich in Genus und Numerus nach dem Bezugswort.

Stehen Ordnungszahlen vor Nomen, werden sie an diese angeglichen. **Primero** und **tercero** werden vor einem männlichen Nomen verkürzt.

4.2 Die Prozentzahlen | Los números fraccionarios

El 72 % *(= setenta y dos por ciento)* de los jóvenes españoles quiere estudiar en la universidad.

Un 60 % *(= sesenta por ciento)* de los jóvenes españoles escucha música en español.

Im Spanischen setzt man vor Prozentzahlen immer den bestimmten oder den unbestimmten Artikel: Soll eine genaue Prozentangabe ausgedrückt werden, steht der bestimmte Artikel, bei einer ungefähren Prozentangabe, der unbestimmte.

5 Die Pronomen | Los pronombres

5.1 Die Subjektpronomen | Los pronombres personales sujeto

Singular	1.	**yo**
	2.	**tú**
	3.	**él / ella / usted**
Plural	1.	**nosotros / nosotras**
	2.	**vosotros / vosotras**
	3.	**ellos / ellas / ustedes**

Die Subjektpronomen **nosotras**, **vosotras** und **ellas** werden nur verwendet, wenn die Gruppe ausschließlich aus Mädchen oder Frauen besteht. Sonst wird immer die männliche Form verwendet.

Yo no hablo alemán, pero **ella** sí.

Im Spanischen kann man das Subjekt an der Endung des konjugierten Verbs erkennen. Daher werden die Subjektpronomen nur verwendet, wenn sie betont werden oder um Missverständnisse zu vermeiden.

5.2 Die Objektpronomen | Los pronombres de complemento

5.2.1 Die indirekten Objektpronomen („Dativpronomen") | Los pronombres de complemento indirecto

Ana	**me**	da el libro.	(a mí)
	te		(a ti)
	le		(a él / a ella / a usted)
	nos		(a nosotros/-as)
	os		(a vosotros/-as)
	les		(a ellos / a ellas / a ustedes)

Die indirekten Objektpronomen entsprechen i. d. R. den deutschen Dativpronomen („mir", „dir", „ihm / ihr / Ihnen", „uns", „euch", „ihnen / Ihnen"). Sie antworten also auf die Frage „wem?".

! escuchar: **Lo** / **La** escucho atentamente.
*Ich höre **ihm/ihr/Ihnen** aufmerksam zu.*

! ayudar: **Lo** / **La** ayudo a preparar la comida.
*Ich helfe **ihm** / **ihr** / **Ihnen** das Essen zuzubereiten.*

! seguir: **Los** / **Las** seguimos.
*Wir folgen **ihnen** / **Ihnen**.*

Die Verben **escuchar**, **ayudar** und **seguir** stehen jedoch im Gegensatz zum Deutschen mit Akkusativpronomen.

5.2.2 Die direkten Objektpronomen („Akkusativpronomen") | Los pronombres de complemento directo

José	**me**	conoce.	(a mí)
	te		(a ti)
	lo / **la**		(a él / a ella / a usted)
	nos		(a nosotros/-as)
	os		(a vosotros/-as)
	los / **las**		(a ellos / a ellas / a ustedes)

Die direkten Objektpronomen unterscheiden sich nur in der 3. Person Singular (**lo** und **la**) und Plural (**los** und **las**) von den indirekten Objektpronomen (**le** und **les**).
Die direkten Objektpronomen entsprechen i. d. R. den deutschen Akkusativpronomen („mich", „dich", „ihn / sie / Sie", „uns", „euch", „sie / Sie"). Sie antworten also auf die Frage „wen?".

! preguntar: Ana **le** pregunta muchísimo.
*Ana fragt **ihn** / **sie** / **Sie** sehr viel.*

! pedir: **Le** pido un favor.
*Ich bitte **ihn** / **sie** / **Sie** um einen Gefallen.*

! interesar: No **les** interesa pasar un día en la playa.
*Es interessiert **sie** / **Sie** nicht, einen Tag am Strand zu verbringen.*

Die Verben **preguntar**, **pedir** und **interesar** stehen jedoch im Gegensatz zum Deutschen mit Dativpronomen.

5.2.3 Zwei Objektpronomen bei einem Verb | Dos pronombres de complemento con un verbo

indirektes Objektpronomen	**direktes Objektpronomen**
me	
te	lo
se	la
nos	los
os	las
se	

Stehen zwei Pronomen zusammen, dann steht das indirekte Objektpronomen vor dem direkten. Die indirekten Objektpronomen **le** und **les** werden durch **se** ersetzt.

5.2.4 Die Stellung der Objektpronomen | La posición de los pronombres de complemento

Ein Objektpronomen

konjugiertes Verb:
Diego no conoce **a este chico**.
→ Diego no **lo** conoce.

Anders als im Deutschen steht das Objektpronomen immer vor dem konjugierten Verb.

Infinitiv:
Me gusta llamar **a mis amigos**.
→ Me gusta llamar**los**.

Wenn das Pronomen zusammen mit einem Infinitiv steht, wird es angehängt.

Imperativ:
Ana, ¡llama **a tus tíos**!
→ Ana, ¡lláma**los**!

Auch beim Imperativ wird das Pronomen angehängt. Bei Imperativen, die aus mehr als einer Silbe bestehen, muss ein Akzentzeichen auf dem betonten Vokal gesetzt werden.

estar + **gerundio**, **ir a** + *Infinitiv* und *Modalverb* + *Infinitiv*:

Lucía está leyendo **una revista**.
→ Lucía **la** está leyendo. / Lucía está leyéndo**la**.

Sonia va a llamar **a Pedro**.
→ Sonia **lo** va a llamar. / Sonia va a llamar**lo**.

Rodrigo quiere regalar un cedé **a Ana**.
→ Rodrigo **le** quiere regalar un cedé. / Rodrigo quiere regalar**le** un cedé.

Bei **estar** + **gerundio**, **ir a** + *Infinitiv* und *Modalverb* + *Infinitiv* stehen die Pronomen entweder vor dem konjugierten Verb oder werden direkt an das **gerundio** bzw. den Infinitiv angehängt. Wenn das Pronomen direkt an die **gerundio**-Form angehängt wird, muss auf der drittletzten Silbe ein Akzentzeichen stehen.

! Diese Regeln gelten auch für die Reflexivpronomen!

Zwei Objektpronomen

Bei zwei Objektpronomen gelten dieselben Regeln:

konjugiertes Verb:
No entiendo este texto.
¿**Me lo** explicas, por favor?

Die Objektpronomen stehen vor dem konjugierten Verb.

Infinitiv:
Diego no dice la verdad a su amigo Paco.
Para Diego es muy difícil decír**sela**.

Wenn die Pronomen zusammen mit einem Infinitiv stehen, werden sie angehängt.

estar + **gerundio**, **ir a** + *Infinitiv* und *Modalverb* + *Infinitiv*:

Raúl no entiende la pelea.
Leonardo **se la** está explicando. /
Leonardo está explicándo**sela**.

- Oye, ¿mañana me traes los textos de historia?
- Sí, claro, mañana **te los** voy a traer. /
  Sí, claro, mañana voy a traér**telos**.

- ¿Me prestas estos libros?
- Lo siento, no **te los** puedo prestar porque los necesito. /
  Lo siento, no puedo prestár**telos** porque los necesito.

Bei **estar** + **gerundio**, **ir a** + *Infinitiv* und *Modalverb* + *Infinitiv* stehen die Pronomen entweder vor dem konjugierten Verb oder werden direkt an das **gerundio** bzw. den Infinitiv angehängt. Werden sie angehängt, muss man ein Akzentzeichen auf der viertletzten (**estar** + **gerundio**) bzw. drittletzten Silbe (**ir a** + *Infinitiv* und *Modalverb* + *Infinitiv*) setzen.

! Diese Regeln gelten auch für die Reflexivpronomen!

5.3 Die Relativpronomen | Los pronombres relativos

5.3.1 Das Relativpronomen **que** | El pronombre relativo **que**

Marta lee una revista **que** es muy aburrida.
... die ...

Das Relativpronomen **que** ist unveränderlich und kann sich auf eine Person oder eine Sache beziehen. Es kann im Relativsatz Subjekt („wer?"/„was?") oder direktes Objekt („wen?"/„was?") sein.

5.3.2 Das Relativpronomen **lo que** | El pronombre relativo **lo que**

Siempre digo **lo que** pienso.
... was ...

Das Relativpronomen **lo que** bezieht sich auf ganze Satzinhalte oder Aussagen. Es wird im Deutschen mit „was" wiedergegeben.

5.3.3 Das Relativpronomen **el que / la que** | El pronombre relativo **el que / la que**

Mañana hay una fiesta **a la que** van todos mis amigos.
... zu der...

Wenn das Verb im Relativsatz mit einer Präposition verwendet wird (im Beispiel: **ir a**), so wird der Relativsatz mit dieser Präposition eingeleitet. Dann folgt das Objektpronomen (hier: **la**), das für das Bezugswort steht (hier: **la fiesta**). Danach folgt das Relativpronomen que und dann der Rest des Relativsatzes.

5.3.4 Das Relativpronomen **donde** | El pronombre relativo **donde**

Esta es la heladería **donde** estuvimos la semana pasada.
... wo ...

Das Relativpronomen **donde** entspricht dem deutschen „wo".

5.4 Die Possessivpronomen | Los pronombres posesivos

Besitzer	♂ Besitzobjekt
[yo]	**(el / los) mío/s**
[tú]	**(el / los) tuyo/s**
[él / ella / Ud.]	**(el / los) suyo/s**
[nosotros/-as]	**(el / los) nuestro/s**
[vosotros/-as]	**(el / los) vuestro/s**
[ellos / ellas / Uds.]	**(el / los) suyo/s**

Besitzer	♀ Besitzobjekt
[yo]	**(la / las) mía/s**
[tú]	**(la / las) tuya/s**
[él / ella / Ud.]	**(la / las) suya/s**
[nosotros/-as]	**(la / las) nuestra/s**
[vosotros/-as]	**(la / las) vuestra/s**
[ellos / ellas / Uds.]	**(la / las) suya/s**

Die Possessivpronomen richten sich in Numerus und Genus nach dem Besitzobjekt. Im Deutschen gibt man die Possessivpronomen mit z. B. „meins", „deins", „seins", etc. wieder.

5.5 Die Demonstrativpronomen | Los pronombres demostrativos

	♂	♀	sächlich
Singular	est**e**	est**a**	est**o**
Plural	est**os**	est**as**	
Singular	es**e**	es**a**	es**o**
Plural	es**os**	es**as**	
Singular	aquel	aque**lla**	aque**llo**
Plural	aque**llos**	aque**llas**	

Ebenso wie die Demonstrativbegleiter beziehen sich die Demonstrativpronomen auf Personen und Sachen, die sich beim Sprecher **(este)** oder etwas weiter weg vom Sprecher **(ese)** oder ziemlich weit vom Sprecher **(aquel)** befinden. Auch die Demonstrativpronomen richten sich in Numerus und Genus nach ihrem Bezugswort. **Aquel** wird in der alltäglichen Sprache häufig durch **ese** ersetzt.

Tu abrigo es muy bonito, pero **este** es más moderno.
… der (hier) …
Esta mermelada es demasiado dulce. **Esa** es mejor.
… Die (da) …
Estos zapatos son feos. **Aquellos** son más elegantes.
… Die (dort drüben) …

5.6 Weitere Pronomen

veränderliche Pronomen

alguno

	♂	♀
Singular	algun**o**	algun**a**
Plural	algun**os**	algun**as**

! Im Singular bedeutet **alguno** „jemand" (Personen) bzw. „(irgend)eine/r/s" (Sachen), im Plural „einige" bzw. „ein paar".

A **algunos** les cuesta mucho levantarse temprano.

ninguno

Singular	ningun**o**	ningun**a**

! Bezieht sich **ninguno** auf Personen, heißt es „niemand", bezieht es sich auf Sachen „keine/r/s".
! Die Pluralformen von **ninguno** werden nicht verwendet.

Estas son las películas que tengo. ¿No te gusta **ninguna**?

mucho

Singular	much**o**	much**a**
Plural	much**os**	much**as**

Muchos ya me conocen.

poco

Singular	poc**o**	poc**a**
Plural	poc**os**	poc**as**

Pocos lo saben.

	♂	♀

demasiado

Singular	demasiad**o**	demasiad**a**
Plural	demasiad**os**	demasiad**as**

Hay un montón de bocadillos, **demasiados**.

tanto

Singular	tant**o**	tant**a**
Plural	tant**os**	tant**as**

¿Necesitas diez cuadernos? No tengo **tantos**.

otro

Singular	otr**o**	otr**a**
Plural	otr**os**	otr**as**

No quiero molestar a los **otros**.

! **Otro** kann „ein/e andere/r/s" oder „noch eine/r/s" bedeuten.
! Vor **otro** steht im Gegensatz zum Deutschen nie der unbestimmte Artikel.

todo

Singular	tod**o**	tod**a**
Plural	tod**os**	tod**as**

Todos están contentos.

mismo

Singular	el mism**o**	la mism**a**
Plural	los mism**os**	las mism**as**

La respuesta es siempre **la misma**.

! Das Pronomen **mismo** steht immer mit dem bestimmten Artikel. Es wird häufig mit **lo** verwendet (**lo mismo** = „dasselbe", z. B. **Pienso lo mismo.**).

unveränderliche Pronomen

algo:	¿Te duele **algo**?
nada:	Aquí no funciona **nada**.
alguien:	¿Estás buscando a **alguien**?
nadie:	No lo sabe **nadie**.

Die Pronomen **algo**, **nada**, **alguien** und **nadie** sind unveränderlich.

6 Das Verb | El verbo

6.1 Ser und estar | Ser y estar

ser

Es un colegio.
Es Jaime.
Es profesor de español.
Jaime **es de** Madrid.

estar

Salamanca **está** en España.
… befindet sich …

¿Dónde **estás**?
… befindest du dich …

Ahora **estoy** en Valencia.
… befinde ich mich …

Das Verb **ser** wird benutzt um auszudrücken, wer jemand bzw. was etwas ist. Mit **ser de** wird angegeben, woher eine Person kommt. **Estar** drückt aus, wo sich jemand oder etwas befindet. Immer wenn man das Verb „sein" durch „sich befinden" ersetzen kann, verwendet man **estar** und nicht **ser**.

ser + *Adjektiv:* grundsätzliche Eigenschaft

Laura siempre **es** alegre.
Simón **es** nervioso.
Elisa **es** muy guapa.
Los aguacates **son** verdes.

estar + *Adjektiv:* vorübergehender Zustand

Hoy Leo **está** alegre.
Andrés **está** nervioso porque tiene un examen.
¡Ana, hoy **estás** muy guapa!
Estos plátanos **están** verdes.

Grundsätzliche bzw. dauerhafte Eigenschaften werden im Spanischen mit **ser** ausgedrückt, vorübergehende bzw. sich verändernde Zustände mit **estar**.

6.2 Das pretérito indefinido und das pretérito imperfecto | El pretérito indefinido y el pretérito imperfecto

6.2.1 Das pretérito indefinido | El pretérito indefinido

Ayer **fuimos** al cine.
Hace dos años **estuve** en México.
Mi hermano **salió** del colegio el año pasado.

Das **pretérito indefinido** wird benutzt, um einmalige Handlungen mit klarem Anfang und Ende in der Vergangenheit zu benennen. Mit dem **pretérito indefinido** antwortet man auf die Frage: **¿Qué pasó?**
Es gibt Signalwörter, die verraten, dass man das **pretérito indefinido** benutzen muss: **ayer**, **hace … días / semanas / meses / años**, **el / la … pasado/-a**, **en 2009**, **ese día**, **el otro día**, etc.

Pablo **se puso** una chaqueta, **salió** de casa y **tomó** el bus.

Auch aufeinanderfolgende Handlungen werden mit dem **pretérito indefinido** ausgedrückt.

6.2.2 Das **pretérito imperfecto** | El pretérito imperfecto

Antes no **había** ordenadores.

Jorge **llevaba** una camiseta roja y zapatos negros.

Era martes y **hacía** muchísimo calor.

Das **pretérito imperfecto** wird benutzt, um dauerhafte Zustände in der Vergangenheit zu beschreiben. Mit dem **pretérito imperfecto** antwortet man auf die Frage: **¿Cómo era?** Manchmal werden folgende Signalwörter verwendet: **antes, en aquel tiempo, entonces**, etc.

Mis abuelos normalmente **iban** al cine para ver comedias.

Siempre **jugaba** con mis hermanos.

Pablo **hacía** deporte todos los lunes.

Auch regelmäßige Handlungen oder Gewohnheiten in der Vergangenheit werden mit dem **pretérito imperfecto** beschrieben. Oft werden folgende Signalwörter verwendet: **normalmente, siempre, todos los lunes**, etc.

6.2.3 Der Gebrauch des **pretérito indefinido** und des **pretérito imperfecto** | El uso del pretérito indefinido y del pretérito imperfecto

Mientras Mario **estaba** desayunando tranquilamente, de repente **escuchó** un ruido en la calle. Mario **salió** a la calle, pero no **había** nada.

Das **pretérito imperfecto** beschreibt die andauernde Hintergrundhandlung (eine unabgeschlossene Handlung) und das **pretérito indefinido** benennt neu eintretende Ereignisse (abgeschlossene Handlungen).

! Nach **mientras** steht meist das **pretérito imperfecto**.

6.3 Der **subjuntivo** Präsens | El presente de subjuntivo

Willen

Quiero que pronto pare de llover.
Laura **espera que** su amiga tenga razón.
Ojalá que mañana pueda ir a la piscina.
Nos proponen que vayamos al cine.

Drückt man Willen aus (z.B. Wunsch, Bitte, Befehl, Vorschlag), steht der **subjuntivo**: **querer que, esperar que, ojalá que, proponer que**.

Gefühle

Me molesta / fastidia que mi amigo no me pueda acompañar al cine.
A Ernesto **le da miedo que** en el examen haya muchas preguntas difíciles.
Dudo que mañana haga sol.
Me aburre que mi tía siempre prepare la misma comida.

Wenn man Gefühle ausdrückt (z.B. Gefallen, Missfallen, Freude, Ärger, Angst, Langeweile, Zweifel), steht auch der **subjuntivo**: **molestar / fastidiar que, dar miedo que, dudar que, aburrir que**.

verneinte Verben des Denkens und Sagens

No creo que vaya a la fiesta.

Nach verneinten Verben des Denkens und Sagens steht ebenfalls der **subjuntivo**: **no creer que**.

unpersönliche Ausdrücke

Es importante que me escuches.
Es necesario que te quedes conmigo.
Es una lástima que Rodrigo no vaya a la fiesta.
Es imposible que Laura sepa la respuesta.
No es justo que haya tantos países pobres.

Nach unpersönlichen Ausdrücken nach dem Muster **(no) es** + *Adjektiv* + **que** steht ebenfalls der **subjuntivo: (no) es importante que, (no) es necesario que, (no) es una lástima que, (no) es imposible que, (no) es justo que.**

Está prohibido que un chico de 12 años salga solo de noche.
Puede ser que tus tíos no vengan.

Der **subjuntivo** steht auch nach **(no) está prohibido que** und **(no) puede ser que.**

Konjunktionen

La abuela regala a Jorge una cámara **para que** tome fotos del viaje.

Der **subjuntivo** steht auch nach bestimmten Konjunktionen wie z. B. **para que**.

6.4 Konstruktionen mit dem Infinitiv | Construcciones con infinitivo

acabar de + *Infinitiv:*
Rocío y Valentina **acaban de salir** del cine.
Rocío und Valentina sind gerade aus dem Kino gekommen.

Mit der Konstruktion **acabar de** + *Infinitiv* wird ausgedrückt, dass etwas gerade eben geschehen ist. Sie wird im Deutschen mit „etwas gerade getan haben" wiedergegeben.

volver a + *Infinitiv:*
Nos **volvemos a ver** en las próximas vacaciones.
Wir sehen uns in den nächsten Ferien wieder.

Die Konstruktion **volver a** + *Infinitiv* drückt aus, dass eine Handlung wiederholt wird. Sie wird übersetzt mit „etwas wieder / noch einmal tun".

ponerse a + *Infinitiv:*
Claudia siempre **se pone a estudiar** demasiado tarde.
Claudia fängt immer zu spät mit dem Lernen an.

Mit der Konstruktion **ponerse a** + *Infinitiv* wird ausgedrückt, dass eine Handlung begonnen wird. Hier würde man im Deutschen sagen „anfangen, etwas zu tun".

llegar a + *Infinitiv:*
Han llegado a prohibir los animales en el edificio.
Sie sind so weit gegangen, Tiere im Gebäude zu verbieten.

Die Konstruktion **llegar a** + *Infinitiv* hat verschiedene Bedeutungen: „so weit gehen, etwas zu tun", „schließlich etwas tun" oder auch „etwas erreichen / schaffen".

Aunque Marcelo no me gustaba, **llegué a salir** con él.
Obwohl mir Marcelo nicht gefiel, bin ich schließlich mit ihm ausgegangen.

Nunca **he llegado a correr** diez kilómetros.
Ich habe es nie geschafft, zehn Kilometer zu laufen.

Quiero **llegar a ser** un actor famoso.
Ich will ein berühmter Schauspieler werden.

Llegaron a saber la verdad.
Sie haben die Wahrheit erfahren.

Llegar a ser kann man mit „etwas werden" wiedergeben. **Llegar a saber** bedeutet soviel wie „etwas (durch Zufall) erfahren".

6.5 Konstruktionen mit dem gerundio | Construcciones con gerundio

estar + **gerundio**:
Alejandro **está estudiando** para el examen.
Alejandro lernt gerade für die Klassenarbeit.

Mit **estar** + **gerundio** wird ausgedrückt, dass eine Handlung gerade geschieht. Diese Konstruktion kann im Deutschen mit „etwas gerade tun" ausgedrückt werden.

seguir + **gerundio**:
Nadie está escuchando a Carlos, pero aun así **sigue hablando**.
Niemand hört Carlos zu, aber trotzdem redet er weiter.

Mit der Konstruktion **seguir** + **gerundio** wird ausgedrückt, dass eine Handlung weiter andauert. Im Deutschen würde man die Konstruktion mit „etwas immer noch / weiterhin tun" wiedergeben.

llevar + *Zeitraum* + **gerundio**:
Llevo casi una hora **buscando** mis zapatillas, pero no las encuentro.
Ich suche seit fast einer Stunde nach meinen Turnschuhen, aber finde sie nicht.

Die Konstruktion **llevar** + *Zeitraum* + **gerundio** bringt zum Ausdruck, dass eine Handlung schon eine bestimmte Zeit lang und immer noch andauert. Im Deutschen würde man diese Konstruktion mit „etwas (schon) seit so und so langer Zeit (und immer noch) tun" wiedergeben.

pasar + *Zeitraum* + **gerundio**:
Antonia **pasa** todas las mañanas **estudiando**.
Antonia verbringt jeden Morgen nur mit Lernen.

Mit der Konstruktion **pasar** + *Zeitraum* + **gerundio** wird auch ausgedrückt, dass eine Handlung eine bestimmte Zeit lang andauert, aber hier wird die Intensität oder Häufigkeit der Handlung betont. Im Deutschen würde man sagen „so und so viel Zeit nur damit verbringen".

7 Die Präpositionen | Las preposiciones

7.1 Die zusammengezogenen Artikel | La contracción de los artículos

de + el = **del**: Hablamos **del** cibercafé.

a + el = **al**: Elena llega **al** colegio.

Treffen die Präposition **de** oder **a** und der Artikel **el** aufeinander, so verschmelzen sie zu **del** und **al**.

7.2 Conmigo und contigo | Conmigo y contigo

¿Vas al cine **conmigo**?
… mit mir …

¿Puedo hablar **contigo**?
… mit dir …

Die Präposition **con** bildet mit den Personalpronomen der 1. und 2. Person Singular jeweils eine besondere Form.

7.3 Para + Infinitiv | Para + infinitivo

Estamos en el cole **para estudiar**.
… um zu lernen …

Die Konstruktion **para** + *Infinitiv* übersetzt man mit „um zu" + *Infinitiv*. Dadurch wird ein Zweck, eine Absicht oder ein Ziel ausgedrückt.

7.4 Personen als direktes Objekt | Personas como complemento directo

direktes Objekt = Sache

Elena está buscando un libro.
¿No ves tu mochila?
Escuchamos música.

Das direkte Objekt wird im Spanischen normalerweise direkt an das Verb angeschlossen. Wenn es jedoch eine Person ist, dann muss davor die Präposition **a** stehen.

direktes Objekt = Person

Elena está buscando **a** Pedro.
¿No ves **a** tus amigas?
Escuchamos **al** profesor de español.

7.5 Mengenangaben | Cantidades

un poco	**de**	chocolate
una lata	**de**	maíz
una botella	**de**	agua
dos kilos	**de**	manzanas
cien gramos	**de**	azúcar
medio litro	**de**	leche

Mengenangaben werden im Spanischen immer mit der Präposition **de** angeschlossen.

8 Der Satz | La frase

8.1 Verneinte Sätze | Frases negativas

Die einfache Verneinung

Paco **no** está aquí.
… nicht …

Paco **no** es una chica.
… kein …

Im Spanischen steht das **no** vor dem Verb und bedeutet „nicht" bzw. „kein/e".

Die doppelte Verneinung

Manuel **no** dice **nada** en clase.
… (gar) nichts …

No hay **nadie** en la calle.
… niemand …

Pepe **no** va **nunca** al polideportivo.
… nie …

Bei der Verneinung mit **no … nada / nadie / nunca** steht **no** vor dem Verb und **nada**, **nadie** oder **nunca** dahinter.

En esta ciudad **nada** me parece bonito.

Nadie quiere ir al cine.

Ana **nunca** ha ido a Alemania.

Wenn **nada**, **nadie** oder **nunca** vor dem Verb stehen, entfällt das **no**.

8.2 Der reale Bedingungssatz der Gegenwart | La frase condicional real en presente

Mañana te llamo, **si** estoy en Madrid.
… wenn…

Si mañana tengo tiempo, voy a ir al supermercado.
Wenn …

Si ves a Antonio, dile que mañana tenemos un examen.
Wenn …

Eine reale Bedingung ist eine (aus der Sicht des Sprechers) erfüllbare Bedingung. Ein Bedingungssatz wird im Spanischen mit der Konjunktion **si** eingeleitet. Im realen Bedingungssatz der Gegenwart steht im **si**-Satz immer der Indikativ Präsens. Im Hauptsatz kann der Indikativ Präsens, das **futuro inmediato** oder der Imperativ stehen.

8.3 Die indirekte Rede ohne Zeitverschiebung | El estilo indirecto sin cambio de tiempo verbal

Der indirekte Aussagesatz

direkte Rede:		indirekte Rede:
Ana:		Ana dice / ha dicho que …
«Trabajo».	→	… trabaja.
«He trabajado».	→	… ha trabajado.
«Trabajé».	→	… trabajó.
«Trabajaba».	→	… trabajaba.
«Había trabajado».	→	… había trabajado.

Steht der Hauptsatz im Präsens oder im **pretérito perfecto**, wird die Zeit der direkten Rede in der indirekten Rede beibehalten. Die indirekte Rede wird mit der Konjunktion **que** eingeleitet. Davor können Verben des Sagens, Denkens oder Schreibens stehen wie z. B. **decir**, **contar**, **pensar**, **creer**, **escribir**. Die Verben, Pronomen und Begleiter müssen in der indirekten Rede angepasst werden.

Die indirekte Frage

Ana: «¿Dónde están tus padres?»	→	Ana pregunta / ha preguntado **dónde** están mis padres.
Luis: «¿Estás muy enferma?»	→	Luis pregunta / ha preguntado **si** estoy muy enferma.

Gibt es in der direkten Frage ein Fragewort, so wird die indirekte Rede mit diesem eingeleitet. Wenn nicht, wird sie mit **si** (hier: „ob") eingeleitet. Davor können folgende Verben stehen: **preguntar**, **querer saber**.

LO QUE ME IMPORTA

1 Das Futur I | El futuro simple

1.1 Die regelmäßigen Formen | Las formas regulares

	hablar
[yo]	hablar**é**
[tú]	hablar**ás**
[él / ella / Ud.]	hablar**á**
[nosotros/-as]	hablar**emos**
[vosotros/-as]	hablar**éis**
[ellos / ellas / Uds.]	hablar**án**

Die regelmäßigen Formen des **futuro simple** bildest du, indem du an den Infinitiv die Endungen **-é**, **-ás**, **-á**, **-emos**, **-éis** oder **-án** anhängst. Die Endungen sind für die Verben auf **-ar**, **-er** und **-ir** gleich. Alle Endungen außer der für die 1. Person Plural tragen ein Akzentzeichen.

	beber	escribir
[yo]	beber**é**	escribir**é**
[tú]	beber**ás**	escribir**ás**
[él / ella / Ud.]	beber**á**	escribir**á**
[nosotros/-as]	beber**emos**	escribir**emos**
[vosotros/-as]	beber**éis**	escribir**éis**
[ellos / ellas / Uds.]	beber**án**	escribir**án**

el uso:
Handlung + Pläne d. Zukunft → ir a + infinitiv
Vorhersagen + Handlung in der Zukunft (Tatsache)
↳ Vermutungen:
Dimi estará enfermo
Dimi wird wohl krank sein.

1.2 Die unregelmäßigen Formen | Las formas irregulares

haber: **habré**…
poder: **podré**…
querer: **querré**…
saber: **sabré**…

Bei den Verben **haber, poder, querer** und **saber** entfällt das **e** der Infinitivendung.

poner: **pondré**…
salir: **saldré**…
tener: **tendré**…
venir: **vendré**…

Bei den Verben **poner, salir, tener** und **venir** wird der Vokal der Infinitivendung durch ein **d** ersetzt.

decir: **diré**…
hacer: **haré**…

Auch die Verben **decir** und **hacer** haben unregelmäßige Formen.

! Die Endungen des **futuro simple** bleiben auch bei den unregelmäßigen Verben immer gleich (**-é**, **-ás**, **-á**, **-emos**, **-éis**, **-án**).

Bilde die Formen des **futuro simple**:

1. hablar (vosotros)
2. vivir (yo)
3. querer (tú)
4. comer (mis tíos)
5. poner (Luis)
6. decir (ellos)
7. salir (él)
8. cantar (Elena y tú)
9. beber (yo)
10. escribir (Paco y yo)
11. poder (los chicos)
12. hacer (tú)
13. buscar (ella)
14. sufrir (él)
15. ver (nosotras)

Soluciones: 1. hablaréis 2. viviré 3. querrás 4. comerán 5. pondrá 6. dirán 7. saldrá 8. cantaréis 9. beberé 10. escribiremos 11. podrán 12. harás 13. buscará 14. sufrirá 15. veremos

1.3 Der Gebrauch | El uso

Das **futuro simple** verwendest du, um Vorhersagen zu machen.

! Um über Handlungen und Zustände in der Zukunft zu sprechen, wird das **futuro simple** eher selten benutzt. Hierfür verwendet man meistens das **futuro inmediato** (**ir a** + *Infinitiv*) oder das Präsens.

En el futuro **habrá** muchos cambios.
En 20 años **tendrás** 36 años.
Estudiaré en España.

Das **futuro simple** verwendest du auch, um Vermutungen auszudrücken. Das ist im Deutschen ganz ähnlich: „Wer ist das? – Keine Ahnung. Das wird wohl ein neuer Schüler sein."

Ana no ha venido a la fiesta… ¿**Estará** enferma?
¿Qué **querrá** Alejandro?
No encuentro mi libro. ¿No lo **tendrás** tú?

¡Acuérdate!

Du kennst schon das **futuro inmediato** (**ir a** + *Infinitiv*), mit dem du ausdrücken kannst, was in der Zukunft geschehen wird:

A las tres	voy a ir	a la piscina.
¿Qué	vas a hacer	por la tarde?
Paco	va a chatear	con su mejor amigo.
¿Por qué no	vamos a jugar	al fútbol?
¿Vosotros	vais a ver	una película mañana?
Las chicas	van a estudiar	toda la noche.

Übersetze und verwende dabei das **futuro simple**:

1. In der Zukunft werden wir elektronische Bücher in der Schule benutzen.
2. In 40 Jahren werde ich meinen Urlaub auf dem Mars verbringen.
3. Das wird wohl der Bruder von Ana sein.
4. Er wird wohl zu Hause sein.
5. In 10 Jahren werdet ihr alles im Internet kaufen.
6. Ich werde drei Kinder haben.
7. Es wird wohl acht Uhr sein.
8. Die Strände werden wegen des Klimawandels verschwinden.
9. Sie wird wohl viel Geld haben.
10. Sie werden wohl etwas später kommen.

Soluciones: 1. En el futuro usaremos libros electrónicos en el colegio. 2. En 40 años pasaré mis vacaciones en Marte. 3. Será el hermano de Ana. 4. Estará en casa. 5. En 10 años compraréis todo en Internet. 6. Tendré tres hijos. 7. Serán las ocho. 8. Las playas desaparecerán por el cambio climático. 9. Tendrá mucho dinero. 10. Llegarán un poco más tarde.

2 Zwei Pronomen beim Imperativ | El imperativo con dos pronombres

	indirektes Objektpronomen / Reflexivpronomen	direktes Objektpronomen
	me	
	te	**lo**
Imperativform +	**se**	**la**
(mit Akzent, z. B.:	**nos**	**los**
tr**á**e …	**os**	**las**
tra**é**d …)	**se**	

Aquí tienes unas zapatillas. *P**ó**n***te**las**, por favor.

Este texto es demasiado difícil para mí. Chicos, *explic**á**d***me**lo**, por favor.

Paula dice a sus amigos: «En 20 años tendré 35 años. ¡Qué vieja! ¡*Imagin**á***os**lo**!»

¿Por qué no le regalamos este DVD a la abuela? – Es una buena idea. *C**ó**mpra***se**lo**.

Chicos, ¿todavía no habéis mandado las cartas a vuestros padres? Por favor, *mand**á**d***se**las**.

Die Pronomen werden immer an die Imperativform angehängt. Dabei steht das indirekte Objektpronomen bzw. das Reflexivpronomen vor dem direkten Objektpronomen. Die Imperativform trägt immer ein Akzentzeichen.
Die indirekten Objektpronomen **le** und **les** werden durch **se** ersetzt.

¡Acuérdate!
Du weißt schon, wo die Pronomen in einem Satz stehen:

Bei konjugierten Verben stehen sie vor dem Verb:
Les doy el libro. → **Se lo** doy.

Beim Infinitiv werden sie angehängt:
Para Diego es muy difícil decirle la verdad a Ana. → Para Diego es muy difícil dec**í**r**sela**.

Bei **estar + gerundio**, beim **futuro inmediato** und bei Modalverben + Infinitiv können sie vor oder nach der Verbgruppe stehen:
Laura le está explicando la pelea a su mamá. → Laura **se la** está explicando / Laura está explic**á**ndo**sela**.
Mañana te voy a traer las postales. → Mañana **te las** voy a traer. / Mañana voy a tra**é**r**telas**.
No te puedo prestar el cedé. → No **te lo** puedo prestar. / No puedo prest**á**r**telo**.

Ersetze die unterstrichenen Objekte durch Pronomen:

1. Regálales el dibujo.
2. Enseñádles la casa.
3. Explicádnos el problema.
4. Préstale el cedé.
5. Compraos las sillas.
6. Danos los libros.
7. Llévate las frutas.
8. Mandádnos la carta.
9. Diles la verdad.
10. Cuéntame la historia.

Soluciones: 1. Regálaselo. 2. Enseñádsela. 3. Explicádnoslo. 4. Préstaselo. 5. Compráoslas. 6. Dánoslos. 7. Llévatelas. 8. Mandádnosla. 9. Dísela. 10. Cuéntamela.

3 Die Konjunktionen cuando und mientras mit dem subjuntivo | Las conjunciones cuando y mientras con subjuntivo

Wie du bereits weißt, steht in Nebensätzen mit **cuando** und **mientras** bei tatsächlich bzw. regelmäßig stattfindenden Handlungen der Indikativ.
Wenn die Handlung jedoch erst in der Zukunft stattfinden bzw. in der Zukunft andauern wird, steht der **subjuntivo**.

Los lunes siempre juego al fútbol con mis amigos.
Cuando jugamos, siempre nos divertimos mucho.
= *Immer wenn …*

Cuando juguemos la próxima vez, puedes venir también.
= *Wenn (= das nächste Mal) …*

En mi familia **mientras** cenamos nadie coge el teléfono.
= *… während …*

Voy a preguntar a mis padres por más paga **mientras** cenemos esta noche.
= *… während / solange …*

Setze die passende Verbform im Indikativ oder im **subjuntivo** ein:

1. Los abuelos todavía no han llegado. Pero cuando *(llegar)*, te llamo.
2. Mientras *(hacer)* sol, puedes meterte a la piscina. Pero si el tiempo cambia, me llamas y te recojo, ¿está bien?
3. Ahora no puedo, pero cuando *(terminar / yo)* el trabajo, salgo contigo, ¿vale?
4. Cuando *(tener / yo)* mucha hambre, siempre como un buen bocadillo.
5. Mientras mis hermanos *(ver)* la tele, yo normalmente leo un libro.
6. No vas a poder hacer deporte mientras *(estar / tú)* malo. Primero tienes que estar mejor.
7. Nos vamos a casa cuando los otros *(irse)* también, ¿de acuerdo?
8. Mientras *(hacer)* mis deberes, nunca escucho la radio.

Soluciones: 1. lleguen 2. haga 3. termine 4. tengo 5. ven 6. estés 7. se vayan 8. hago

ENTRE ESPAÑA Y AMÉRICA

4 No pensar que + subjuntivo

Wie du bereits weißt, steht nach **pensar que** der Indikativ, nach **no pensar que** steht jedoch der **subjuntivo**, da der Sprecher die Aussage anzweifelt.

Pienso que …
… Alicia es una persona simpática.
… me quiere.
… le gustan las flores.

No pienso que …
… Alicia sea una persona simpática.
… te quiera.
… le gusten las flores.

¡Acuérdate!
Du weißt schon, dass nach **no creer que** ebenfalls der **subjuntivo** steht:
No creo que Alicia sepa bailar.   aber: **Creo que** Alicia sabe bailar.

Setze die passende Verbform im Indikativ oder im **subjuntivo** ein:

1. ¿Piensas que Marisol *(estar)* en casa?
2. No pienso que Juan *(ser)* una mala persona.
3. Raquel piensa que a Sandra le *(gustar)* la ensaladilla rusa.
4. No pienso que mis padres *(tener)* tiempo esta tarde.
5. No pienso que María *(venir)* a la fiesta. Ayer estuvo enferma.

Soluciones: 1. está 2. sea 3. gusta 4. tengan 5. venga

5 Die Konjunktion aunque mit dem subjuntivo | La conjunción aunque con subjuntivo

Aunque tengo tiempo, no voy a ir.
= *Obwohl …*

Aunque tenga tiempo, no voy a ir.
= *Selbst wenn …*

Wenn du „obwohl" ausdrücken willst, steht **aunque** mit dem Indikativ. Diese Bedeutung kennst du bereits.
Willst du „selbst wenn" ausdrücken, steht **aunque** mit dem **subjuntivo**.

Setze die passende Verbform im Indikativ oder im **subjuntivo** ein:

1. Aunque *(ser)* el rey Juan Carlos, tienes que trabajar.
2. Mira, esas personas con el mapa en la mano están buscando algún lugar. Voy a ayudarlas aunque no *(entender)* la lengua que hablan.
3. Mañana haremos una excursión aunque *(llover)*.
4. La chica lleva una gorra aunque hoy *(hacer)* mucho calor.
5. Aunque Darío siempre *(estudiar)* mucho, tiene malas notas.

Soluciones: 1. seas 2. entiendo 3. llueva 4. hace 5. estudia

6 Verkürzung von Nebensätzen mit dem Infinitiv (I) | Abreviación de frases subordinadas con el infinitivo (I)

al + *Infinitiv:*
Al hablar con Noelia, me puse muy nervioso.
= Cuando hablé…
Als ich mit Noelia sprach, wurde ich sehr nervös.

Einen Nebensatz mit **cuando** kann man mit der Konstruktion **al** + *Infinitiv* verkürzen.

después de + *Infinitiv:*
Después de terminar con los deberes, salgo con mis amigos.
Nachdem ich mit den Hausaufgaben fertig bin, gehe ich mit meinen Freunden aus.

Después de comer, hago una siesta.
Nach dem Essen mache ich eine Siesta.

Auch mit **después de** + *Infinitiv* lassen sich Nebensätze verkürzen. Diese Konstruktion wird im Deutschen häufig mit einem Nomen wiedergegeben: **después de comer** = „nach dem Essen".

¡Acuérdate!
Du kennst schon andere Konstruktionen mit dem Infinitiv:

acabar de + *Infinitiv* (= „etwas gerade getan haben"):
Rosario **acaba de terminar** sus deberes.
Rosario ist gerade mit den Hausaufgaben fertig geworden.

volver a + *Infinitiv* (= „etwas wieder tun" / „etwas noch einmal tun"):
Ya lo he dicho muchísimas veces. No lo **vuelvo a repetir**.
Ich habe es schon so oft gesagt. Ich wiederhole es nicht noch einmal.

ponerse a + *Infinitiv* (= „anfangen, etwas zu tun"):
¿Mañana hay un examen? ¡En seguida **me pongo a estudiar**!
Morgen haben wir eine Prüfung? Ich fange sofort zu lernen an!

llegar a + *Infinitiv* (= „so weit gehen, etwas zu tun" / „schließlich etwas tun" / „etwas erreichen, schaffen"):
Han llegado a prohibir los móviles en el colegio.
Sie sind so weit gegangen, Handys in der Schule zu verbieten.

Übersetze und verwende dabei **al** + *Infinitiv* oder **después de** + *Infinitiv:*

1. Nachdem ich mit den Hausaufgaben fertig bin, spiele ich Fußball.
2. Als ich sah, dass es schon spät war, verabschiedete ich mich.
3. Nach dem Sport mußt du viel Wasser trinken.
4. Als wir in Barcelona ankamen, freuten wir uns sehr.
5. Nach dem Frühstück gehe ich zur Schule.
6. Als ich mich an den Streit mit meinem Freund erinnerte, wurde ich sehr traurig.

Soluciones: 1. Después de terminar con los deberes, juego al fútbol. 2. Al ver que ya era tarde, me despedí.
3. Después de hacer deporte, tienes que tomar mucha agua. 4. Al llegar a Barcelona, nos alegramos mucho.
5. Después de desayunar, me voy al colegio. 6. Al recordar la pelea con mi amigo, me puse muy triste.

7 Verkürzung von Nebensätzen mit dem gerundio | Abreviación de frases subordinadas con el gerundio

Auch mit dem **gerundio** lassen sich Nebensätze verkürzen. Da man an der **gerundio**-Form nicht erkennen kann, um welche Art von Nebensatz es sich handelt, muss man die Bedeutung aus dem Kontext erschließen.

Saliendo del cine, se encontró con su profesora.
= Cuando salía…
Als er aus dem Kino kam, traf er seine Lehrerin.

Mit Hilfe des **gerundio** kann man Temporalsätze (Zeitsätze) verkürzen.

Estando enfermo, no pude hacer los deberes.
= Como estaba…
Da ich krank war, konnte ich die Hausaufgaben nicht machen.

Mit dem **gerundio** kann man auch Kausalsätze (Begründungssätze) verkürzen.

Aun estando con sus amigos, se aburre.
= Aunque esté…
Selbst wenn er bei seinen Freunden ist, langweilt er sich.

Konzessivsätze (Einräumungssätze) werden ebenfalls mit dem **gerundio** verkürzt.
Im Unterschied zu den anderen Nebensatzverkürzungen verrät das Adverb **aun**, dass der Satz eine konzessive Bedeutung hat.

Tomando el tren a las ocho, llegaremos a las nueve y cuarto.
= Si tomamos…
Wenn wir den Zug um 8.00 Uhr nehmen, werden wir um 9.15 Uhr ankommen.

Auch Konditionalsätze (Bedingungssätze) können mit dem **gerundio** verkürzt werden.

Hablando con la gente, aprendimos mucho.
Indem wir mit den Leuten sprachen, lernten wir viel.

Schließlich können auch Modalsätze (Sätze, die die Art und Weise ausdrücken) mit dem **gerundio** verkürzt werden.

¡Acuérdate!
Du kennst schon andere Konstruktionen mit dem **gerundio:**

estar + **gerundio** (=„gerade etwas tun"):
Laura **está leyendo** un libro.
Laura liest gerade ein Buch.

seguir + **gerundio** (=„etwas immer noch tun" / „etwas weiterhin tun"):
Carlos **sigue yendo** al mismo colegio.
Carlos geht immer noch / weiterhin in dieselbe Schule.

llevar + *Zeitraum* + **gerundio** (=„etwas [schon] seit so und so langer Zeit [und immer noch] tun"):
Llevo *dos años* **viviendo** en Valencia.
Ich wohne (schon) seit zwei Jahren in Valencia.

pasar + *Zeitraum* + **gerundio** (=„so und so viel Zeit mit etwas verbringen"):
Adriana **pasa** *todas las tardes* **viendo la tele**.
Adriana verbringt jeden Nachmittag nur mit Fernsehen.

Ersetze die unterstrichenen Satzteile durch das **gerundio**:

1. Si sonríes, todo es más fácil.
2. Como tiene miedo a los perros, no puede ir a casa de Carolina.
3. Si bebes agua, vas a estar mejor.
4. Aunque sabía la respuesta, no contesté la pregunta.
5. Cuando me di cuenta de que no me quería, no lo llamé nunca más.
6. No podéis estudiar, si estáis cansados.
7. Como conoces muy bien la ciudad, no te pierdes.
8. Cuando vi que Jorge se había ido, también me fui a casa.

Soluciones: 1. Sonriendo todo es más fácil. 2. Teniendo miedo a los perros, no puede ir a casa de Carolina. 3. Bebiendo agua vas a estar mejor. 4. Aun sabiendo la respuesta, no contesté la pregunta. 5. Dándome cuenta de que no me quería, no lo llamé nunca más. 6. No podéis estudiar estando cansados. 7. Conociendo muy bien la ciudad, no te pierdes. 8. Viendo que Jorge se había ido, también me fui a casa.

CATALUÑA, TIERRA DE CONTRASTES

8 Der Konditional | El condicional

8.1 Die regelmäßigen Formen | Las formas regulares

	llamar
[yo]	llamar**ía**
[tú]	llamar**ías**
[él / ella / Ud.]	llamar**ía**
[nosotros/-as]	llamar**íamos**
[vosotros/-as]	llamar**íais**
[ellos / ellas / Uds.]	llamar**ían**

Die Formen des **condicional** werden ähnlich wie die des **futuro simple** (1.1) gebildet. Die regelmäßigen Formen erhältst du, wenn du an den Infinitiv die Endungen **-ía**, **-ías**, **-ía**, **-íamos**, **-íais** oder **-ían** anhängst. Die Endungen sind für die Verben auf **-ar**, **-er** und **-ir** gleich und entsprechen denen des **pretérito imperfecto** der Verben auf **-er** und **-ir**.

	comer	vivir
[yo]	comer**ía**	vivir**ía**
[tú]	comer**ías**	vivir**ías**
[él / ella / Ud.]	comer**ía**	vivir**ía**
[nosotros/-as]	comer**íamos**	vivir**íamos**
[vosotros/-as]	comer**íais**	vivir**íais**
[ellos / ellas / Uds.]	comer**ían**	vivir**ían**

8.2 Die unregelmäßigen Formen | Las formas irregulares

haber: **habría**…
poder: **podría**…
querer: **querría**…
saber: **sabría**…

poner: **pondría**…
salir: **saldría**…
tener: **tendría**…
venir: **vendría**…

decir: **diría**…
hacer: **haría**…

Die Verben mit einem unregelmäßigen Stamm sind dieselben wie im **futuro simple** (1.2):

Bei den Verben **haber**, **poder**, **querer** und **saber** entfällt das **e** der Infinitivendung.

Bei den Verben **poner**, **salir**, **tener** und **venir** wird der Vokal der Infinitivendung durch ein **d** ersetzt.

Auch die Verben **decir** und **hacer** haben im **condicional** unregelmäßige Formen.

! Die Endungen des **condicional** bleiben auch bei den unregelmäßigen Verben immer gleich (**-ía**, **-ías**, **-ía**, **-íamos**, **-íais**, **-ían**).

Bilde die Formen des **condicional**:

1. hablar (tú)
2. querer (Antonio)
3. tener (nosotras)
4. vivir (ellos)
5. comer (mis abuelos)
6. salir (Raúl)
7. saber (yo)
8. hacer (Marta y tú)
9. ir (Nadia y yo)
10. decir (vosotros)
11. cantar (ellos)
12. venir (tú)

Soluciones: 1. hablarías 2. querría 3. tendríamos 4. vivirían 5. comerían 6. saldría 7. sabría 8. haríais 9. iríamos 10. diríais 11. cantarían 12. vendrías

8.3 Der Gebrauch | El uso

Den **condicional** verwendest du vor allem, um mögliche Handlungen oder Zustände auszudrücken. Im Deutschen gibt man ihn meistens mit „ich würde, du würdest, …" + *Infinitiv* wieder.

Übersetze:

1. Ich würde mit meinen Freunden reden.
2. Er würde ein Eis kaufen.
3. Könntest du mir die Zeitschrift geben?
4. Meine Eltern würden mich anrufen.
5. Würdet ihr mir helfen?
6. Antonio würde zur Party kommen.
7. Wir würden das Buch lesen.
8. Würdest du den Tisch decken?
9. Sie würden die Hausaufgaben machen.
10. Würdest du mit mir ausgehen?

Soluciones: 1. Hablaría con mis amigos. 2. Compraría un helado. 3. ¿Me podrías dar / Podrías darme la revista? 4. Mis padres me llamarían. 5. ¿Me ayudaríais? 6. Antonio iría a la fiesta. 7. Leeríamos el libro. 8. ¿Pondrías la mesa? 9. Harían los deberes. 10. ¿Saldrías conmigo?

9 Der subjuntivo in Relativsätzen | El subjuntivo en frases relativas

Wie du bereits weißt, steht im Relativsatz der Indikativ, wenn ein konkret vorhandenes Merkmal bezeichnet wird. Handelt es sich jedoch um ein gewünschtes, gesuchtes oder unbekanntes Merkmal, steht der **subjuntivo**. Häufig weisen Verben wie z. B. **querer**, **buscar** und **necesitar** auf die Benutzung des **subjuntivo** hin.

Rosa tiene un ordenador que no funciona bien.
Por eso quiere un ordenador que **funcione** mejor.

Ayer estuvimos en un restaurante que era muy caro.
Mañana vamos a buscar un restaurante que **sea** más barato.

En nuestra clase hay muchos chicos que hablan español.
En nuestra clase no hay ningún chico que **hable** catalán.

Der alte Computer im ersten Beispiel existiert, also steht im Relativsatz der Indikativ. Rosa wünscht sich einen neuen Computer, den sie aber (noch) nicht hat. Daher steht hier im Relativsatz der **subjuntivo**.
Relativsätze, in denen im Spanischen der **subjuntivo** verwendet wird, werden im Deutschen manchmal mit Hilfe des Verbs „sollen" wiedergegeben: „Rosa möchte einen Computer, der besser funktioniert / funktionieren soll."

Setze die passende Verbform im Indikativ oder im **subjuntivo** ein:

1. Tengo un tío que *(aprender)* español.
2. En mi familia no hay nadie que *(hablar)* japonés[1].
3. Busco a una persona que *(saber)* hablar bien inglés.
4. Hoy vamos a un museo que *(ser)* muy interesante.
5. Queremos ver una película que *(ser)* buena.
6. Quiero pasar las vacaciones en un pueblo en el que *(haber)* poca gente.
7. Paula quiere pasar un mes en una ciudad donde *(poder)* hacer un curso de español.
8. Siempre paso mi cumpleaños en un sitio donde *(hacer)* sol.
9. Necesito a tres chicos que *(tener)* un coche.
10. Quiero escuchar un cedé que me *(gustar)*.

1 el japonés *Japanisch*

Soluciones: 1. aprende 2. hable 3. sepa 4. es 5. sea 6. haya 7. pueda 8. hace 9. tengan 10. guste

10 Das Relativpronomen cuyo/-a | El pronombre relativo cuyo/-a

Laura es mi amiga **cuyo** padre vive en Alemania.
En mi clase hay un chico **cuya** hermana juega muy bien al fútbol.
En este pueblo hay muchas casas **cuyos** dueños no viven allí.
¿Quiénes son los chicos **cuyas** mochilas todavía están en el aula?

Das Relativpronomen **cuyo** richtet sich in Geschlecht und Zahl nach dem folgenden Nomen (und nicht wie im Deutschen nach dem vorausgehenden Nomen: z. B. „Laura ist meine Freundin, deren Vater in Deutschland lebt.").
Im Deutschen kann man **cuyo/-a/-os/-as** mit „dessen" bzw. „deren" wiedergeben.

¡Acuérdate!
Du kennst schon andere Relativpronomen:

que:
Me gustan las zapatillas **que** lleva Julia.

el que / la que / los que / las que:
Este es el cine en **el que** puedes ver la última película de Penélope Cruz.
Mañana hay una fiesta a **la que** van todos mis amigos.
Estos son los perros de **los que** María tiene miedo.
Hoy voy a ver a las personas a **las que** voy a invitar a mi cumpleaños.

lo que:
Siempre digo **lo que** pienso.

donde:
He comprado los vaqueros en la tienda **donde** trabaja mi tía.

Ergänze mit einer Form von **cuyo**:

1. La chica […] padre es alemán, está en mi clase.
2. El hotel […] dueños son mis tíos, está en el centro de Barcelona.
3. Este es el grupo catalán […] canciones no entendemos nunca.
4. Los libros en […] páginas hay muchos dibujos, son de mi hermano pequeño.
5. La casa […] puerta es verde, es la casa de mis abuelos.
6. El pueblo de […] nombre no me acuerdo, está en Cataluña.

Soluciones: 1. cuyo 2. cuyos 3. cuyas 4. cuyas 5. cuya 6. cuyo

11 Verkürzung von Nebensätzen mit dem Infinitiv (II) | Abreviación de frases subordinadas con el infinitivo (II)

Die Konstruktionen **hasta** + *Infinitiv*, **por** + *Infinitiv* und **sin** + *Infinitiv* werden im Spanischen sehr häufig benutzt, um einen Nebensatz zu verkürzen.

hasta + *Infinitiv:*
Juan preguntó **hasta saber** toda la verdad.
= hasta que supo…
…bis er die ganze Wahrheit erfuhr.

por + *Infinitiv:*
Oye, te lo digo **por ser** tu amigo.
= porque soy …
…weil ich dein Freund bin.

sin + *Infinitiv:*
Hemos ayudado a los turistas **sin entender** su idioma.
…ohne ihre Sprache zu verstehen.

Übersetze und verwende dabei **hasta** + *Infinitiv*, **por** + *Infinitiv* oder **sin** + *Infinitiv:*

1. Er ist weggegangen, ohne etwas zu sagen.
2. Weil sie nicht genug schläft, ist sie immer schlecht gelaunt.
3. Ich habe geübt, bis ich alles verstanden habe.
4. Wir werden laufen, bis wir im Dorf ankommen.
5. Ich bin aus dem Haus gegangen, ohne meine Schuhe anzuziehen.
6. Sie hat den Computer nicht gekauft, weil sie kein Geld hat.

Soluciones: 1. Se fue sin decir nada. 2. Por no dormir suficiente, siempre está de mal humor. 3. Practiqué hasta entender todo. 4. Vamos a caminar hasta llegar al pueblo. 5. Salí de casa sin ponerme mis zapatos. 6. No compró el ordenador por no tener dinero.

EL BOLSILLO DE LOS JÓVENES

12 Das imperfecto de subjuntivo | El imperfecto de subjuntivo

12.1 Die Formen | Las formas

Die Formen des **imperfecto de subjuntivo** leitest du von der 3. Person Plural des **pretérito indefinido** ab: Statt den letzten beiden Buchstaben **(-on)** hängst du hier die Endungen **-a**, **-as**, **-a**, **-amos**, **-ais**, **-an** an. Achte darauf, dass du bei der 1. Person Plural auf der drittletzten Silbe ein Akzentzeichen setzen musst.

	buscar
pretérito indefinido 3. Person Plural	→ buscar~~on~~
[yo]	buscar**a**
[tú]	buscar**as**
[él / ella / Ud.]	buscar**a**
[nosotros/-as]	buscár**amos**
[vosotros/-as]	buscar**ais**
[ellos / ellas / Uds.]	buscar**an**

	vender	**salir**
pretérito indefinido 3. Person Plural	→ vendier~~on~~	→ salier~~on~~
[yo]	vendier**a**	salier**a**
[tú]	vendier**as**	salier**as**
[él / ella / Ud.]	vendier**a**	salier**a**
[nosotros/-as]	vendiér**amos**	saliér**amos**
[vosotros/-as]	vendier**ais**	salier**ais**
[ellos / ellas / Uds.]	vendier**an**	salier**an**

Da das **imperfecto de subjuntivo** immer von der 3. Person Plural des **pretérito indefinido** abgeleitet wird, behalten die Verben mit einem unregelmäßigen Stamm im **pretérito indefinido** diese Unregelmäßigkeit bei.

Infinitiv		*pretérito indefinido* 3. Person Plural		*imperfecto de subjuntivo*
caerse	→	se cayer~~on~~	→	me cayer**a** …
construir	→	construyer~~on~~	→	construyer**a** …
				ebenso: **destruir**
creer	→	creyer~~on~~	→	creyer**a** …
dar	→	dier~~on~~	→	dier**a** …
decir	→	dijer~~on~~	→	dijer**a** …
dormir	→	durmier~~on~~	→	durmier**a** …
				ebenso: **morir**
estar	→	estuvier~~on~~	→	estuvier**a** …
haber	→	hubier~~on~~	→	hubier**a** …
hacer	→	hicier~~on~~	→	hicier**a** …
leer	→	leyer~~on~~	→	leyer**a** …
oír	→	oyer~~on~~	→	oyer**a** …
poder	→	pudier~~on~~	→	pudier**a** …
poner	→	pusier~~on~~	→	pusier**a** …

ebenso: **disponer**, **oponer**, **proponer**, **suponer**

Infinitiv		*pretérito indefinido* 3. Person Plural		*imperfecto de subjuntivo*
querer		quisiera~~on~~		quisier**a** …
reír		rier~~on~~		rier**a** …
				ebenso: **sonreír**
saber	→	supier~~on~~	→	supier**a** …
seguir	→	siguier~~on~~	→	siguier**a** …
				ebenso: **despedirse**, **pedir**, **repetir**, **servir**
ser / ir	→	fuer~~on~~	→	fuer**a** …
tener	→	tuvier~~on~~	→	tuvier**a** …
				ebenso: **entretener**
traer	→	trajer~~on~~	→	trajer**a** …
				ebenso: **atraer**
venir	→	vinier~~on~~	→	vinier**a** …
				ebenso: **provenir**

¡Acuérdate!

Für das **imperfecto de subjuntivo** bildet die 3. Person Plural des **pretérito indefinido** die Grundlage: Die Formen des **pretérito indefinido** bildest du, indem du an den Verbstamm der Verben auf **-ar** die Endungen **-é**, **-aste**, **-ó**, **-amos**, **-asteis**, **-aron** und an den Verbstamm der Verben auf **-er** und **-ir** die Endungen **-í**, **-iste**, **-ió**, **-imos**, **-isteis**, **-ieron** anhängst:

	hablar	comer	vivir
[yo]	habl**é**	com**í**	viv**í**
[tú]	habl**aste**	com**iste**	viv**iste**
[él / ella / Ud.]	habl**ó**	com**ió**	viv**ió**
[nosotros/-as]	habl**amos**	com**imos**	viv**imos**
[vosotros/-as]	habl**asteis**	com**isteis**	viv**isteis**
[ellos / ellas / Uds.]	habl**aron**	com**ieron**	viv**ieron**

Zahlreiche Verben haben im **pretérito indefinido** einen unregelmäßigen Verbstamm:

dar	→	**di, diste … dieron**	
decir	→	**dije, dijiste … dijeron**	
estar	→	**estuve, estuviste … estuvieron**	
haber	→	**hube, hubiste … hubieron**	
hacer	→	**hice, hiciste … hicieron**	
poder	→	**pude, pudiste … pudieron**	
poner	→	**puse, pusiste … pusieron**	*ebenso:* disponer, oponer, proponer, suponer
querer	→	**quise, quisiste … quisieron**	
reír	→	**reí, reíste …. rieron**	*ebenso:* sonreír
saber	→	**supe, supiste … supieron**	
ser / ir	→	**fui, fuiste … fueron**	
tener	→	**tuve, tuviste … tuvieron**	*ebenso:* entretener
traer	→	**traje, trajiste … trajeron**	*ebenso:* atraer
venir	→	**vine, viniste … vinieron**	*ebenso:* provenir

Einige Verbgruppen sind in der 3. Person Singular und Plural unregelmäßig:

dormir	→	d**u**rmió, d**u**rmieron	*ebenso:* morir
seguir	→	s**i**guió, s**i**guieron	*ebenso:* despedirse, pedir, repetir, servir

Verben mit orthografischen Besonderheiten:
- Bei Verben auf **-er** und **-ir**, deren Stamm auf einen Vokal endet, wird das **i** der Endung in der 3. Person Singular und Plural durch ein **y** ersetzt (z. B. leer → le**y**ó, le**y**eron; construir → constru**y**ó, constru**y**eron).
- Verben, die im Infinitiv auf **-car** und **-gar** enden, müssen in der 1. Person Singular in ihrer Schreibweise angepasst werden, weil sich sonst die Aussprache ändern würde (z. B. tocar → to**qu**é; llegar → lle**gu**é).
- Bei Verben auf **-zar** wird in der 1. Person Singular das **z** in ein **c** verwandelt, weil im Spanischen der Buchstabe **z** nur vor den Vokalen **a**, **o** und **u** steht (z. B. cruzar → cru**c**é).
- Das Verb **ver** trägt keine Akzente (**vi, viste, vio, vimos, visteis, vieron**).

Bilde die Formen des **imperfecto de subjuntivo**:

1. buscar (tú)
2. leer (Andrés y yo)
3. poder (vosotras)
4. construir (yo)
5. traer (los chicos)
6. hablar (Laura)
7. querer (yo)
8. hacer (nosotros)
9. saber (Sara y Susana)
10. ir (Raúl y tú)
11. ser (tú)
12. salir (ella)
13. comer (tú)
14. dar (mis primos y yo)
15. estar (la casa)
16. decir (yo)
17. dormir (él)
18. pedir (nosotras)

Soluciones: 1. buscaras 2. leyéramos 3. pudierais 4. construyera 5. trajeran 6. hablara 7. quisiera 8. hiciéramos 9. supieran 10. fuerais 11. fueras 12. saliera 13. comieras 14. diéramos 15. estuviera 16. dijera 17. durmiera 18. pidiéramos

12.2 Der Gebrauch | El uso

Das **imperfecto de subjuntivo** wird genauso wie das **presente de subjuntivo** verwendet, allerdings im Unterschied zu diesem immer dann, wenn der Hauptsatz in einer der Vergangenheitszeiten – **pretérito indefinido**, **pretérito imperfecto** oder **pretérito pluscuamperfecto** – steht.

Willen (z. B. Wunsch, Bitte, Befehl, Vorschlag)
Quería que todos mis amigos vinieran a la fiesta.
Luisa **esperaba que** hiciera sol.
Te propuse que fuéramos al cine.

Gefühle (z. B. Gefallen, Missfallen, Freude, Ärger, Angst, Langeweile, Zweifel)
Me molestaba / fastidiaba que hubiera tanto ruido.
A Juan **le daba miedo que** su hermana se quedara sola en casa.
Dudaba que Lidia me llamara.
Me aburría que Rodrigo siempre contara la misma historia.

verneinte Verben des Denkens und Sagens
No creía que fuera tan difícil jugar al baloncesto.
No pensaba que Pedro llegara tan tarde.

unpersönliche Ausdrücke
Era importante que todo el mundo supiera la verdad.
Era necesario que hablaras con tus amigos.
Era una lástima que Mario no nos acompañara a casa de Luisa.
Era imposible que Bertina estuviera en el instituto.
No era justo que César ganara el premio.
Estaba prohibido que niños entraran en la piscina.
Podía ser que Leo estuviera enfermo.

Konjunktionen

Mis amigos me llamaron **para que** saliera con ellos.
Rocío siempre iba a clases, **aunque** estuviera enferma.

Bedeutet **aunque** „auch wenn", steht der **subjuntivo**.

im Relativsatz

Fernando necesitaba a una persona **que le explicara los deberes**.

Im Relativsatz steht der **subjuntivo**, wenn es sich um ein gewünschtes, gesuchtes oder unbekanntes Merkmal handelt.

Wähle die passende Form aus:

1. A mi madre le daba miedo que yo *(viajé/viajara)* solo a París.
2. A Alejandro le molestaba que *(había/hubiera)* tanta gente en la playa.
3. Mi abuelo era una persona que siempre *(sonreía/sonriera)*.
4. Nuestro profe no creía que *(hicimos/hiciéramos)* los deberes.
5. Pensaba que *(vivías/vivieras)* en La Gomera.
6. Le había propuesto que *(vino/viniera)* hoy.
7. Mis padres me llamaron para que *(fui/fuera)* con ellos a casa de mis abuelos.
8. No fui al colegio porque creía que no *(había/hubiera)* clases.
9. Los amigos no querían que Elena *(estaba/estuviera)* triste.
10. Era necesario que me *(ayudaste/ayudaras)* con las maletas.
11. Ana esperaba que no *(hacía/hiciera)* mucho frío.
12. Buscaban a una persona que *(hablaba/hablara)* español.

Soluciones: 1. viajara 2. hubiera 3. sonreía 4. hiciéramos 5. vivías 6. viniera 7. fuera 8. había 9. estuviera 10. ayudaras 11. hiciera 12. hablara

13 Das Adverb quizás mit dem subjuntivo | El adverbio quizás con subjuntivo

Quizás kann man sowohl mit dem Indikativ als auch mit dem **subjuntivo** verwenden. Welche Form man verwendet, hängt davon ab, für wie wahrscheinlich man die Aussage hält: Benutzt man **quizás** + *Indikativ*, hält man sie für wahrscheinlich, verwendet man **quizás + subjuntivo**, hält man sie für weniger wahrscheinlich (jedoch nicht für unmöglich!).

PERÚ, EL CORAZÓN DE LOS ANDES

14 Die Konnektoren por un lado … por otro lado, a pesar de, no obstante und ya que | Los conectores por un lado … por otro lado, a pesar de, no obstante y ya que

Por un lado … por otro lado … entspricht dem deutschen „einerseits … andererseits …".

Está lloviendo, pero vamos a hacer una excursión **a pesar del** mal tiempo.
Había mucha gente en la fiesta **a pesar de** ser las 4 de la mañana.

A pesar de + *Nomen* bedeutet „trotz".

A pesar de + *Infinitiv* bedeutet „obwohl".

Estoy muy cansada. **No obstante** voy a trabajar un poco más.

No obstante wird so wie das deutsche „nichtsdestotrotz" verwendet.

Muchos turistas van a Madrid **ya que** es una ciudad muy interesante.

Ya que hat dieselbe Bedeutung wie **porque.** Es klingt jedoch formeller als **porque.**

15 Stellung und Bedeutungsänderung einiger Adjektive | Colocación y cambio de significado de algunos adjetivos

José es un niño **pobre**. ↔ ¡El **pobre** niño!

Pablo tiene un amigo **viejo**. ↔ Diego y Rafa son **viejos** amigos.

Bei einigen Adjektiven ändert sich die Bedeutung je nachdem, ob sie nach oder vor dem Nomen stehen:

Steht **pobre** nach dem Nomen, bedeutet es „arm/mittellos". Steht es davor, bedeutet es „arm/bedauernswert".

Nach dem Nomen bedeutet **viejo/-a** „alt/betagt". Steht es davor, würde man es auf Deutsch mit „alt/langjährig" wiedergeben.

▶▶

Juana trae un libro muy **grande**.

↔ ¡Este es un **gran** libro!

Folgt **grande** auf das Nomen, bedeutet es „groß". Wenn **grande** dem Nomen vorangeht, übersetzt man es mit „bedeutend/großartig" und verkürzt es außerdem zu **gran**.

Esta es una bicicleta **antigua**.

↔ Esta es mi **antigua** bicicleta.

Die Grundbedeutung von **antiguo/-a** ist „alt/altertümlich". Wird es dem Nomen vorangestellt, verschiebt sich die Bedeutung zu „ehemalig".

Mi casa es la **única** casa roja en la calle.

↔ Esta es una casa **única**.

Das Adjektiv **único/-a** bedeutet vor dem Nomen „einzig", danach aber „einzigartig".

Übersetze:

1. meine langjährige Klassenkameradin
2. mein ehemaliger Lehrer
3. ein großes Haus
4. ein mittelloser Student
5. mein einziger Onkel
6. eine einzigartige Party
7. ein altertümliches Stadtviertel
8. ein betagter Mann
9. der bedauernswerte Hund
10. eine bedeutende Sängerin

Soluciones: 1. mi vieja compañera (de clase) 2. mi antiguo profesor 3. una casa grande 4. un estudiante pobre 5. mi único tío 6. una fiesta única 7. un barrio antiguo 8. un hombre viejo 9. el pobre perro 10. una gran cantante

16 Das Passiv | La voz pasiva

Aktiv:
Una cantante famosa presentará el programa.
Passiv:
→ **El programa será presentado** *por* **una cantante famosa**.

Aktiv:
Muchos turistas visitaron la ciudad.
Passiv:
→ **La ciudad fue visitada** *por* **muchos turistas**.

Das Passiv wird im Spanischen folgendermaßen gebildet: Das direkte Objekt des Aktiv-Satzes wird zum Subjekt (im ersten Satzbeispiel ist das **el programa**). Das Verb (hier: **presentará**) wird zum Partizip umgeformt (hier: **presentado**) und ihm wird die entsprechende Zeitform des Verbs **ser** vorangestellt (hier: **será**). Hieran kann das ursprüngliche Subjekt (hier: **una cantante famosa**) mit der Präposition *por* angeschlossen werden.

Aktiv:
Un programador informático compra los proyectos.
Passiv:
→ **Los proyectos son comprados** *por* **un programador informático.**

Aktiv:
La gente ha comentado las noticias.
Passiv:
→ **Las noticias han sido comentadas** *por* **la gente.**

! Das Passiv wird im Spanischen seltener als im Deutschen verwendet. Man verwendet eher die unpersönliche Konstruktion mit **se**, die dem deutschen „man" entspricht.

! El texto fue escrito **por mí**.
…durch mich / von mir.

! La canción ha sido tocada **por ti**.
…durch dich / von dir.

Achte darauf, dass die Personalpronomen der 1. und 2. Person Singular umgeformt werden, wenn man das Passiv bildet.

¡Acuérdate!
Du kennst schon die Möglichkeit, das Passiv mit **se** + *Verb* zu umschreiben:

Se vende *este piso*.
Aquí **se venden** *helados*.

Se prohíbe *entrar* en esta casa.
En esta playa **se prohíben** *los perros*.

En este hotel **se habla** *español*.
En Perú **se hablan** *dos lenguas*.

Setze die folgenden Sätze ins Passiv:

1. Javier ordena la habitación.
2. Los chicos abren los libros.
3. El padre de Valentina llamó al profesor.
4. Mi madre ha comprado el coche.
5. Yo cantaré la canción.
6. ¿Tú hiciste el pastel?

Soluciones: 1. La habitación es ordenada por Javier. 2. Los libros son abiertos por los chicos. 3. El profesor fue llamado por el padre de Valentina. 4. El coche ha sido comprado por mi madre. 5. La canción será cantada por mí. 6. ¿El pastel fue hecho por ti?

ESPAÑA Y EUROPA

17 Der irreale Bedingungssatz der Gegenwart | La frase condicional irreal en presente

Den irrealen Bedingungssatz der Gegenwart verwendest du, wenn du ausdrücken möchtest, dass eine Bedingung in der Gegenwart oder Zukunft nicht erfüllbar ist bzw. du anzweifelst, dass sie erfüllbar ist. Im Bedingungssatz (=„**si**-Satz") wird das **imperfecto de subjuntivo** verwendet und im Hauptsatz der **condicional**.

Bedingungssatz (=„**si**-Satz")	**Hauptsatz**
Si mis amigos **tuvieran** tiempo, *Wenn meine Freunde Zeit hätten,*	**saldrían** conmigo. *würden sie mit mir ausgehen.*
Si mañana no **hubiera** clases, *Wenn es morgen keinen Unterricht gäbe,*	Pablo no **iría** a la cama tan temprano. *würde Pablo nicht so früh zu Bett gehen.*
Si **estudiara** más, *Wenn ich mehr lernen würde,*	**sacaría** una mejor nota. *würde ich eine bessere Note bekommen.*

¡Acuérdate!
Du kennst schon den realen Bedingungssatz der Gegenwart:

Si Pedro viene, le preguntas.
(mit Präsens)
Si Pedro viene, le vas a preguntar.
*(mit **futuro inmediato**)*
Si Pedro viene, le preguntarás.
(mit Futur I)
Si Pedro viene, pregúntale.
(mit Imperativ)

Forme die folgenden Sätze in irreale Bedingungssätze der Gegenwart um:

1. Mario no tiene tiempo. Por eso no espera a los otros. → Si Mario tuviera […].
2. Voy a la piscina porque hoy hace sol. → No iría […].
3. No sé qué tengo que hacer. Por eso no hago los deberes. → Si supiera […].
4. Los chicos discuten porque el tema les interesa. → Los chicos no discutirían […].
5. Necesito una bici nueva: mi bici vieja es demasiado pequeña. → No necesitaría […].
6. Trabajas todos los días. Por eso siempre estás cansada. → Si no trabajaras […].

Soluciones: 1. Si Mario tuviera tiempo, esperaría a los otros. 2. No iría a la piscina, si hoy no hiciera sol. 3. Si supiera qué tengo que hacer, haría los deberes. 4. Los chicos no discutirían, si el tema no les interesara. 5. No necesitaría una bici nueva, si mi bici vieja no fuera demasiado pequeña. 6. Si no trabajaras todos los días, no estarías siempre cansada.

18 Der irreale Bedingungssatz der Vergangenheit | La frase condicional irreal en pasado

18.1 Das pluscuamperfecto de subjuntivo | El pluscuamperfecto de subjuntivo

	haber *(imperfecto de subjuntivo)*	**Partizip**
[yo]	hubiera	hablado comido salido
[tú]	hubieras	
[él / ella / Ud.]	hubiera	
[nosotros/-as]	hubiéramos	
[vosotros/-as]	hubierais	
[ellos / ellas / Uds.]	hubieran	

Das **pluscuamperfecto de subjuntivo** wird aus dem **imperfecto de subjuntivo** des Hilfsverbs **haber** und dem Partizip des Hauptverbs gebildet.

¡Acuérdate!

Du weißt schon, wie man das Partizip bildet, da du schon das **pretérito perfecto** und das **pretérito pluscuamperfecto** kennst:
Bei den Verben auf **-ar** hängst du die Endung **-ado** (z. B. **hablar** → **hablado**) an den Verbstamm an und bei den Verben auf **-er** und **-ir** die Endung **-ido** (z. B. **comer** → **comido** bzw. **salir** → **salido**).

Steht vor **-ido** ein Vokal (außer **u**), bekommt das **i** einen Akzent:

caer → **caído**
creer → **creído**
leer → **leído**
oír → **oído**
reír → **reído**
traer → **traído**

Einige häufig gebrauchte Verben bilden ein unregelmäßiges Partizip:

abrir → **abierto**
decir → **dicho**
descubrir → **descubierto**
escribir → **escrito**
hacer → **hecho**
morir → **muerto**
poner → **puesto**
ver → **visto**
volver → **vuelto**

Bilde die Formen des **pluscuamperfecto de subjuntivo**:

1. querer (yo)
2. escribir (nosotros)
3. decir (Isabel y Ana)
4. poner (Vicente y tú)
5. ser (tú)
6. hablar (vosotras)
7. leer (Marco y yo)
8. descubrir (el perro)
9. construir (yo)
10. volver (los chicos)
11. comprar (Eva)
12. salir (ella)
13. creer (tú)
14. hacer (mis primas y yo)
15. estar (la casa)
16. ver (yo)

Soluciones: 1. hubiera querido 2. hubiéramos escrito 3. hubieran dicho 4. hubierais puesto 5. hubieras sido 6. hubierais hablado 7. hubiéramos leído 8. hubiera descubierto 9. hubiera construido 10. hubieran vuelto 11. hubiera comprado 12. hubiera salido 13. hubieras creído 14. hubiéramos hecho 15. hubiera estado 16. hubiera visto

18.2 Der condicional compuesto | El condicional compuesto

	haber *(condicional)*	**Partizip**
[yo]	habría	hablado comido salido
[tú]	habrías	
[él / ella / Ud.]	habría	
[nosotros/-as]	habríamos	
[vosotros/-as]	habríais	
[ellos / ellas / Uds.]	habrían	

Der **condicional compuesto** wird aus dem **condicional** des Hilfsverbs **haber** und dem Partizip des Hauptverbs gebildet.

Bilde die Formen des **condicional compuesto**:

1. leer (Rafa y yo)	5. poner (David y Sara)	9. caerse (tú)	13. volver (los chicos)
2. ser (tú)	6. salir (yo)	10. oír (yo)	14. reírse (yo)
3. tomar (mi padre)	7. escribir (vosotros)	11. decir (Laura y Diego)	15. abrir (ellos)
4. descubrir (vosotras)	8. estar (el chico)	12. hacer (mis primos y yo)	16. traer (Ana)

Soluciones: 1. habríamos leído 2. habrías sido 3. habría tomado 4. habríais descubierto 5. habrían puesto 6. habría salido 7. habríais escrito 8. habría estado 9. te habrías caído 10. habría oído 11. habrían dicho 12. habríamos hecho 13. habrían vuelto 14. me habría reído 15. habrían abierto 16. habría traído

18.3 Der irreale Bedingungssatz der Vergangenheit | La frase condicional irreal en pasado

Den irrealen Bedingungssatz der Vergangenheit verwendest du, wenn du über eine Bedingung in der Vergangenheit sprichst, die nicht mehr erfüllbar ist.
Im Bedingungssatz (=„**si**-Satz") wird das **pluscuamperfecto de subjuntivo** verwendet und im Hauptsatz der **condicional compuesto**.

Bedingungssatz (=„**si**-Satz")	**Hauptsatz**
Si mis amigos **hubieran tenido** tiempo, *Wenn meine Freunde Zeit gehabt hätten,*	**habrían salido** conmigo. *wären sie mit mir ausgegangen.*
Si al día siguiente no **hubiera habido** clases, *Wenn es am nächsten Tag keinen Unterricht gegeben hätte,*	Pablo no **habría ido** a la cama tan temprano. *wäre Pablo nicht so früh zu Bett gegangen.*
Si **hubiera estudiado** más, *Wenn ich mehr gelernt hätte,*	**habría sacado** una mejor nota. *hätte ich eine bessere Note bekommen.*

Forme die folgenden Sätze in irreale Bedingungssätze der Vergangenheit um:

1. Mario tenía tiempo. Por eso esperó a Paula. → Si Mario no hubiera tenido [...].
2. Fui a la piscina porque aquel día hacía sol. → No habría ido [...].
3. No sabía qué hacer. Por eso no hice mis deberes.→ Si hubiera sabido [...].
4. Los chicos discutieron porque el tema era interesante.→ Los chicos no habrían discutido [...].
5. Necesitaba ayuda. Por eso pregunté a mis amigos.→ Si no hubiera necesitado [...].
6. Ernesto trabajaba todos los días. Por eso no tenía tiempo para sus amigos.→ Si Ernesto no hubiera trabajado [...].

Soluciones: 1. Si Mario no hubiera tenido tiempo, no habría esperado a Paula.
2. No habría ido a la piscina si aquel día no hubiera hecho sol.
3. Si hubiera sabido qué hacer habría hecho mis deberes.
4. Los chicos no habrían discutido si el tema no hubiera sido interesante.
5. Si no hubiera necesitado ayuda, no habría preguntado a mis amigos.
6. Si Ernesto no hubiera trabajado todos los días, habría tenido tiempo para sus amigos.

19 Die indirekte Rede in der Vergangenheit | El estilo indirecto en el pasado

Der indirekte Aussagesatz

direkte Rede:	indirekte Rede:
Ana:	Ana dijo / decía / había dicho que …
«Llamo».	→ … llamaba.
«He llamado».	→ … había llamado.
«Llamé».	→ … había llamado.
«Llamaba».	→ … llamaba.
«Había llamado».	→ … había llamado.
«Voy a llamar».	→ … iba a llamar.
«Llamaré».	→ … llamaría.
«Llamaría».	→ … llamaría.

Wenn die indirekte Rede mit einem Verb in einer Zeit der Vergangenheit (**pretérito indefinido**, **pretérito imperfecto** oder **pretérito pluscuamperfecto**) eingeleitet wird, findet in den meisten Fällen eine Zeitverschiebung statt. Ob eine Zeitverschiebung stattfindet oder nicht, hängt davon ab, in welcher Zeit das Verb, das die indirekte Rede einleitet, steht:

presente → pret. imperfecto
pret. perfecto → pret. pluscuamperfecto
pret. indefinido → pret. pluscuamperfecto
pret. imperfecto = pret. imperfecto
pret. pluscuamperfecto = pret. pluscuamperfecto
futuro inmediato → ***iba, ibas, iba, … a + Infinitiv***
futuro simple → condicional
condicional = condicional

«Quiero que **trabajes**». → Dijo que quería que **trabajara**.

Diese Regeln gelten auch für den **subjuntivo**: **presente de subjuntivo → imperfecto de subjuntivo**, usw.

«Esta noche hay una fiesta en mi casa». → Dijo que aquella noche había una fiesta en su casa.

«Os vamos a esperar aquí». → Dijo que nos iban a esperar allí.

! Achte in der indirekten Rede der Vergangenheit an die Anpassung der Verbformen, Pronomen, Begleiter, Zeitangaben und Ortsangaben.

Die indirekte Frage

Paulina: «¿Cómo se llama tu amiga?»
→ Paulina me preguntó **cómo** se llamaba mi amiga.

Die indirekte Frage wird auch hier – genauso wie bei der indirekten Frage ohne Zeitverschiebung – mit einem Fragewort bzw. mit **si** eingeleitet.

Sergio: «¿Comemos en mi casa?»
→ Sergio me preguntó **si** comíamos en su casa.

¡Acuérdate!
Du kannst im Spanischen schon Aussagen anderer in der indirekten Rede ohne Zeitverschiebung wiedergeben:
Antonio: «Siempre me levanto a las seis y media».
→ **Antonio dice / ha dicho que** siempre se levanta a las seis y media.

Fragen mit Fragewort werden in der indirekten Rede mit demselben Fragewort eingeleitet:
Paquita: «¿Dónde está mi mochila?»
→ **Paquita pregunta dónde** está su mochila.

Fragen ohne Fragewort werden mit der Konjunktion **si** eingeleitet:
Silvia: «Chicos, ¿mañana vais a la piscina?»
→ **Silvia pregunta si** mañana vamos a la piscina.

Forme die folgenden Sätze in irreale Bedingungssätze der Vergangenheit um:

1. Raúl: «No tengo ganas de jugar al fútbol». → Raúl dijo que […].
2. Sergio: «¿Vas a hacer una excursión conmigo?» → Sergio preguntó si […].
3. Alejandra: «Antes vivía en Barcelona». → Alejandra contó que […].
4. Manuel: «En las vacaciones fuimos a Murcia». → Manuel dijo que […].
5. Isabel: «¿Dónde han estado mis cosas?» → Isabel preguntó dónde […]
6. Rocío: «No iré a la fiesta». → Rocío había anunciadc que […].
7. Javi: «No había escuchado la verdad». → Javi dijo que […]
8. Antonia: «Nunca haría una cosa así». → Antonia decía que […].

Soluciones: 1. Raúl dijo que no tenía ganas de jugar al fútbol.
2. Sergio preguntó si iba a hacer una excursión con él.
3. Alejandra contó que antes vivía en Barcelona.
4. Manuel dijo que en las vacaciones habían ido a Murcia.
5. Isabel preguntó dónde habían estado sus cosas.
6. Rocío había anunciado que no iría a la fiesta.
7. Javi dijo que no había escuchado la verdad.
8. Antonia decía que nunca haría una cosa así.

ANEXO

DAS ALFABET | El alfabeto

a	[ɑ]	j	[xota]	r	[erre]
b	[be]	k	[ka]	s	[ese]
c	[θe]	l	[ele]	t	[te]
ch	[tʃe]	ll	[eʎe]	u	[u]
d	[de]	m	[eme]	v	[uβe]
e	[e]	n	[ene]	w	[uβe doble]
f	[efe]	ñ	[eɲe]	x	[ekis]
g	[xe]	o	[o]	y	[iɣrjeɣa]
h	[atʃe]	p	[pe]	z	[θeta]
i	[i]	q	[ku]		

DIE ZEICHEN IM SATZ | Los signos de puntuación

Luis: ¿Cómo crees que será la vida en 20 años?

Noa: Tendremos «hijos a la carta» … – ¡no me parece una buena idea!

Luis: Yo no entiendo a las personas que ven todo negro cuando piensan en el futuro; seguro que también acabaremos con muchas enfermedades, se salvarán muchas vidas y viviremos hasta los 125 años. (¡Por lo menos!)

- los signos de interrogación
- la mayúscula
- los signos de exclamación
- los dos puntos
- el punto y coma
- la coma
- el punto
- la tilde
- las comillas
- el guión
- los puntos suspensivos
- el acento o la tilde
- la minúscula
- los paréntesis

AUSSPRACHE UND BETONUNG | La pronunciación y la acentuación

1 Aussprache | La pronunciación

Die Aussprache ist im Spanischen sehr regelmäßig. Einige Buchstaben oder Buchstabenkombinationen werden aber anders ausgesprochen als im Deutschen.

Konsonanten

Barcelona, **V**alencia	mit ganz weichem **b**, das fast wie ein **w** klingt; bei der Aussprache ist zwischen beiden Konsonanten kein Unterschied zu hören
la **c**asa, **c**on, el **c**urso	vor **a**, **o** und **u** wie **k** in *kilo*
el **c**entro, de**c**ir	vor **e** und **i** wie **th** im englischen *bath*
charlar, el **ch**ico	wie **tsch** in *klatschen*
genial, ele**g**ir	vor **e** und **i** wie **ch** in *machen* – vor allen anderen Buchstaben wie ein deutsches **g**
el **g**ato	
el **h**ambre, el **h**elado	wird nicht ausgesprochen
el **j**amón, el **j**ueves	wie **ch** in *machen*
llamar, **ll**evar	wie **j** in *Jacke*
que	wie **k** in *kilo*
pe**r**o	wird gerollt
el pe**rr**o	wird länger gerollt als das einfache **r**
y, vo**y**	alleinstehend und am Wortende wie **i**
ya, desa**y**unar	am Wortanfang und im Wort wie **j** in *Jacke*
el **z**apato, el **z**umo	wie das englische **th** in *bath*

Vokale: Diphthonge

b**ie**n, tamb**ié**n	**I** und **e** bilden einen einsilbigen Doppellaut (Diphthong), wobei du das **e** betonen musst. **Ie** klingt dann wie **je** in *Jens*.
el **eu**ro, **Eu**ropa	**E** und **u** bilden einen einsilbigen Doppellaut (Diphthong), wobei du das **e** betonen musst. Das klingt dann ein bisschen wie *Dr**ehu**ng*.
b**ai**lar, b**ue**no, L**ui**s	**A**, **e** und **o** in Verbindung mit einem **i** oder **u** bilden einen Doppellaut (Diphthong) und werden als <u>eine</u> Silbe gesprochen. Die Verbindung von **i** und **u** wird ebenfalls als eine Silbe gesprochen.
el mus**eo**, el t**ea**tro	Alle anderen Vokalverbindungen bilden <u>zwei</u> Silben (mu-se-o, te-a-tro)

2 Betonung und Akzent | La acentuación

mo-men-to
di-cen
tra-ba-ja-mos

Wörter, die auf Vokal, **-n** oder **-s** enden, werden auf der vorletzten Silbe betont.

tra-ba-jar
vol-ver
a-rroz

Wörter, die auf Konsonant enden (außer **-n** und **-s**!) werden auf der letzten Silbe betont.

mó-vil
fá-cil
tam-bién

Gibt es einen Akzent, wird immer die Silbe betont, in der sich der Akzent befindet.

¡Qué palo!
¡Qué bueno!
¿Adónde vas?
¿Qué lees?
¿Cuándo vuelves?

¡Qué fácil! Ausrufewörter und Fragewörter haben immer einen Akzent!

el der	**él** er
mi mein/e	(**a**) **mí** mir, mich
tu dein/e	**tú** du
se sich	**sé** ich weiß
si wenn, ob	**sí** ja, doch

! Bei einigen Wörtern ist der Akzent wichtig für die Bedeutung des Wortes.

ja-món / ja-mo-nes
e-xa-men / e-xá-me-nes

! Bei einigen Wörtern fällt der Akzent im Plural weg oder es wird einer hinzugefügt.

fácil / fácilmente
difícil / difícilmente

! Bei den abgeleiteten Adverbien bleibt der Akzent des ursprünglichen Adjektivs erhalten.

pa-na-de-rí-a
rí-o

! Wenn **i** vor einem Vokal einen Akzent trägt, wird die Silbe als eine ganze Silbe gesprochen.

DIE VERBEN | Los verbos

Hier findest du die Konjugationen oder Konjugationsmuster aller Verben, die du in **¡Apúntate! 1**, **¡Apúntate! 2**, **¡Apúntate! 3** und **¡Apúntate! 4** gelernt hast.

1 Die Hilfsverben | Los verbos auxiliares

infinitivo	ser	estar	haber	¡OJO!
presente	**soy** **eres** **es** **somos** **sois** **son**	**estoy** **estás** **está** estamos estáis **están**	**he** **has** **ha** **hemos** habéis **han**	 **hay**
pretérito indefinido	**fui** **fuiste** **fue** **fuimos** **fuisteis** **fueron**	**estuve** **estuviste** **estuvo** **estuvimos** **estuvisteis** **estuvieron**	**hube** **hubiste** **hubo** **hubimos** **hubisteis** **hubieron**	
pretérito imperfecto	**era** **eras** **era** **éramos** **erais** **eran**	estaba estabas estaba estábamos estabais estaban	había habías había habíamos habíais habían	
futuro simple	seré serás será seremos seréis serán	estaré estarás estará estaremos estaréis estarán	**habré** **habrás** **habrá** **habremos** **habréis** **habrán**	
imperativo	**sé**, sed	**está**, estad		
gerundio	siendo	estando	habiendo	
participio	sido	estado	habido	
presente de subjuntivo	**sea** **seas** **sea** **seamos** **seáis** **sean**	**esté** **estés** **esté** estemos estéis **estén**	**haya** **hayas** **haya** **hayamos** **hayáis** **hayan**	
imperfecto de subjuntivo	**fuera** **fueras** **fuera** **fuéramos** **fuerais** **fueran**	**estuviera** **estuvieras** **estuviera** **estuviéramos** **estuvierais** **estuvieran**	**hubiera** **hubieras** **hubiera** **hubiéramos** **hubierais** **hubieran**	

2 Die regelmäßigen Verben auf -ar/-er/-ir | Los verbos regulares en -ar/-er/-ir

2.1 Verben auf -ar

infinitivo	**charlar**	**¡OJO!**
presente	charl**o** charl**as** charl**a** charl**amos** charl**áis** charl**an**	**actuar:** act**ú**o, act**ú**as, act**ú**a, act**ú**an
pretérito indefinido	charl**é** charl**aste** charl**ó** charl**amos** charl**asteis** charl**aron**	**tocar:** to**qu**é, tocaste … *ebenso:* **buscar**, **explicar**, **pescar**, **practicar**, **sacar**, **significar** **apagar:** apag**u**é, apagaste … *ebenso:* **agregar**, **naufragar**, **obligar**, **pagar**, **pegar** **cruzar:** cru**c**é, cruzaste … *ebenso:* **actualizar**, **alcanzar**, **cazar**, **esclavizar**, **organizar**
pretérito imperfecto	charl**aba** charl**abas** charl**aba** charl**ábamos** charl**abais** charl**aban**	
futuro simple	charlar**é** charlar**ás** charlar**á** charlar**emos** charlar**éis** charlar**án**	
imperativo	charl**a**, charl**ad**	**actuar:** act**úa**
gerundio	charl**ando**	
participio	charl**ado**	
presente de subjuntivo	charl**e** charl**es** charl**e** charl**emos** charl**éis** charl**en**	**tocar:** to**qu**e, to**qu**es … *ebenso:* **buscar**, **explicar**, **pescar**, **practicar**, **sacar**, **significar** **apagar:** apag**u**e, apag**u**es … *ebenso:* **agregar**, **naufragar**, **obligar**, **pagar**, **pegar** **cruzar:** cru**c**e, cru**c**es … *ebenso:* **actualizar**, **alcanzar**, **cazar**, **esclavizar**, **organizar** **actuar:** act**ú**e, act**ú**es, act**ú**e, act**ú**en
imperfecto de subjuntivo	charl**ara** charl**aras** charl**ara** charl**áramos** charl**arais** charl**aran**	

2.2 Verben auf -er

infinitivo	**comer**	¡OJO!
presente	com**o** com**es** com**e** com**emos** com**éis** com**en**	**recoger:** reco**j**o, recoges … *ebenso:* **acoger**, **proteger**
pretérito indefinido	com**í** com**iste** com**ió** com**imos** com**isteis** com**ieron**	**creer:** cre**y**ó, cre**y**eron **leer:** le**y**ó, le**y**eron
pretérito imperfecto	com**ía** com**ías** com**ía** com**íamos** com**íais** com**ían**	
futuro simple	comer**é** comer**ás** comer**á** comer**emos** comer**éis** comer**án**	
imperativo	com**e**, com**ed**	
gerundio	com**iendo**	**creer:** cre**y**endo **leer:** le**y**endo
participio	com**ido**	
presente de subjuntivo	com**a** com**as** com**a** com**amos** com**áis** com**an**	**recoger:** reco**j**a, reco**j**as … *ebenso:* **acoger**, **proteger**
imperfecto de subjuntivo	com**iera** com**ieras** com**iera** com**iéramos** com**ierais** com**ieran**	

2.3 Verben auf -ir

infinitivo	**vivir**	¡OJO!
presente	viv**o** viv**es** viv**e** viv**imos** viv**ís** viv**en**	**salir:** sal**g**o, sales … **reunir(se):** (me) re**ú**no, (te) re**ú**nes, (se) re**ú**ne, (se) re**ú**nen
pretérito indefinido	viv**í** viv**iste** viv**ió** viv**imos** viv**isteis** viv**ieron**	
pretérito imperfecto	viv**ía** viv**ías** viv**ía** viv**íamos** viv**íais** viv**ían**	
futuro simple	vivir**é** vivir**ás** vivir**á** vivir**emos** vivir**éis** vivir**án**	
imperativo	viv**e**, viv**id**	**salir: sal** **reunir(se):** re**ú**ne
gerundio	viv**iendo**	
participio	viv**ido**	**abrir: abierto** **escribir: escrito** **descubrir: descubierto**
presente de subjuntivo	viv**a** viv**as** viv**a** viv**amos** viv**áis** viv**an**	**reunir(se):** (me) re**ú**na, (te) re**ú**nas, (se) re**ú**na, (se) re**ú**nan
imperfecto de subjuntivo	viv**iera** viv**ieras** viv**iera** viv**iéramos** viv**ierais** viv**ieran**	

3 Die Gruppenverben | Los grupos de verbos

3.1 Verben mit Diphthongierung: e → ie

infinitivo	**pensar**	¡OJO!	**entender**	¡OJO!
presente	p**ie**nso p**ie**nsas p**ie**nsa pensamos pensáis p**ie**nsan		ent**ie**ndo ent**ie**ndes ent**ie**nde entendemos entendéis ent**ie**nden	
pretérito indefinido	pensé pensaste pensó pensamos pensasteis pensaron	**empezar:** empe**c**é, empezaste … **fregar:** freg**u**é, fregaste …	entendí entendiste entendió entendimos entendisteis entendieron	**preferir:** pref**i**rió, pref**i**rieron *ebenso:* **convertir**(**se**), **divertir**(**se**), **sentir**(**se**) **querer: quise, quisiste** …
pretérito imperfecto	pensaba pensabas pensaba pensábamos pensabais pensaban		entendía entendías entendía entendíamos entendíais entendían	
futuro simple	pensaré pensarás pensará pensaremos pensaréis pensarán		entenderé entenderás entenderá entenderemos entenderéis entenderán	**querer: querré, querrás** …
imperativo	p**ie**nsa, pensad		ent**ie**nde, entended	
gerundio	pensando		entendiendo	**preferir:** pref**i**riendo *ebenso:* **convertir**(**se**), **divertir**(**se**), **sentir**(**se**)
participio	pensado		entendido	
presente de subjuntivo	p**ie**nse p**ie**nses p**ie**nse pensemos penséis p**ie**nsen		ent**ie**nda ent**ie**ndas ent**ie**nda entendamos entendáis ent**ie**ndan	**preferir:** pref**i**ramos, pref**i**ráis *ebenso:* **convertir**(**se**), **divertir**(**se**), **sentir**(**se**)
imperfecto de subjuntivo	pensara pensaras pensara pensáramos pensarais pensaran		entendiera entendieras entendiera entendiéramos entendierais entendieran	**preferir:** pref**i**riera, pref**i**rieras … *ebenso:* **convertir**(**se**), **divertir**(**se**), **sentir**(**se**) **querer: quisiera, quisieras** …
	ebenso: **apretar**, **cerrar**, **nevar**, **sentar**(**se**)		*ebenso:* **defender**(**se**), **encender**, **perder**(**se**)	

3.2 Verben mit Diphthongierung: o → ue

infinitivo	**encontrar**	¡OJO!	**mover**	¡OJO!
presente	enc**ue**ntro enc**ue**ntras enc**ue**ntra encontramos encontráis enc**ue**ntran		m**ue**vo m**ue**ves m**ue**ve movemos movéis m**ue**ven	**torcer:** tuer**z**o, tuerces …
pretérito indefinido	encontré encontraste encontró encontramos encontrasteis encontraron	**colgar:** colg**u**é, colgaste …	moví moviste movió movimos movisteis movieron	**poder: pude**, **pudiste** … **dormir:** d**u**rmió, d**u**rmieron *ebenso:* **morir(se)**
pretérito imperfecto	encontraba encontrabas encontraba encontrábamos encontrabais encontraban		movía movías movía movíamos movíais movían	
futuro simple	encontraré encontrarás encontrará encontraremos encontraréis encontrarán		moveré moverás moverá moveremos moveréis moverán	
imperativo	enc**ue**ntra, encontrad		m**ue**ve, moved	
gerundio	encontrando		moviendo	**dormir:** d**u**rmiendo *ebenso:* **morir(se)**
participio	encontrado		movido	**morir(se): muerto** **volver: vuelto** *ebenso:* **devolver**, **envolver**, **resolver(se)**
presente de subjuntivo	enc**ue**ntre enc**ue**ntres enc**ue**ntre encontremos encontréis enc**ue**ntren	**colgar:** cuelg**u**e, cuelg**u**es …	m**ue**va m**ue**vas m**ue**va movamos mováis m**ue**van	**dormir:** d**u**rmamos, d**u**rmáis *ebenso:* **morir(se)**
imperfecto de subjuntivo	encontrara encontraras encontrara encontráramos encontrarais encontraran		moviera movieras moviera moviéramos movierais movieran	
	ebenso: **acordarse**, **comprobar**, **contar**, **costar**, **demostrar**, **mostrar**, **recordar**, **sonar**, **volar**		*ebenso:* **doler**, **llover**	

3.3 Das Verb **jugar**: **u → ue**

infinitivo	**jugar**	¡OJO!
presente	**jue**go **jue**gas **jue**ga jugamos jugáis **jue**gan	
pretérito indefinido	jug**u**é jugaste jugó jugamos jugasteis jugaron	
pretérito imperfecto	jugaba jugabas jugaba jugábamos jugabais jugaban	
futuro simple	jugaré jugarás jugará jugaremos jugaréis jugarán	
imperativo	**jue**ga, jugad	
gerundio	jugando	
participio	jugado	
presente de subjuntivo	**jue**g**u**e **jue**g**u**es **jue**g**u**e jug**u**emos jug**u**éis **jue**g**ue**n	
imperfecto de subjuntivo	jugara jugaras jugara jugáramos jugarais jugaran	

3.4 Verben mit Stammvokalwechsel: **e → i**

infinitivo	**seguir**	¡OJO!
presente	s**i**go s**i**gues s**i**gue seguimos seguís s**i**guen	**elegir:** eli**j**o, eliges …
pretérito indefinido	seguí seguiste s**i**guió seguimos seguisteis s**i**guieron	
pretérito imperfecto	seguía seguías seguía seguíamos seguíais seguían	
futuro simple	seguiré seguirás seguirá seguiremos seguiréis seguirán	
imperativo	s**i**gue, seguid	
gerundio	s**i**guiendo	
participio	seguido	
presente de subjuntivo	s**i**ga s**i**gas s**i**ga s**i**gamos s**i**gáis s**i**gan	**elegir:** eli**j**a, eli**j**as …
imperfecto de subjuntivo	s**i**guiera s**i**guieras s**i**guiera s**i**guiéramos s**i**guierais s**i**guieran	

ebenso: **despedirse**, **pedir**, **repetir**, **servir**

3.5 Verben des Typs **conocer**: c → zc

infinitivo	**conocer**	¡OJO!
presente	cono**zc**o conoces conoce conocemos conocéis conocen	
pretérito indefinido	conocí conociste conoció conocimos conocisteis conocieron	**producir: produje, produjiste** …
pretérito imperfecto	conocía conocías conocía conocíamos conocíais conocían	
futuro simple	conoceré conocerás conocerá conoceremos conoceréis conocerán	
imperativo	conoce, conoced	
gerundio	conociendo	
participio	conocido	
presente de subjuntivo	cono**zc**a cono**zc**as cono**zc**a cono**zc**amos cono**zc**áis cono**zc**an	
imperfecto de subjuntivo	conociera conocieras conociera conociéramos conocierais conocieran	

ebenso: **conocerse**, **crecer**, **nacer**, **ofrecer**, **parecer**, **reconocer**

3.6 Verben des Typs **construir**

infinitivo	**construir**	¡OJO!
presente	constru**y**o constru**y**es constru**y**e construimos construís constru**y**en	
pretérito indefinido	construí construiste constru**y**ó construimos construisteis constru**y**eron	
pretérito imperfecto	construía construías construía construíamos construíais construían	
futuro simple	construiré construirás construirá construiremos construiréis construirán	
imperativo	constru**y**e, construid	
gerundio	constru**y**endo	
participio	construido	
presente de subjuntivo	constru**y**a constru**y**as constru**y**a constru**y**amos constru**y**áis constru**y**an	
imperfecto de subjuntivo	constru**y**era constru**y**eras constru**y**era constru**y**éramos constru**y**erais constru**y**eran	

ebenso: **destruir**

4 Die unregelmäßigen Verben | Los verbos irregulares

infinitivo	decir	hacer	ir	saber
presente	**digo** d**i**ces d**i**ce decimos decís d**i**cen	**hago** haces hace hacemos hacéis hacen	**voy** **vas** **va** **vamos** **vais** **van**	**sé** sabes sabe sabemos sabéis saben
pretérito indefinido	**dije** **dijiste** **dijo** **dijimos** **dijisteis** **dijeron**	**hice** **hiciste** **hizo** **hicimos** **hicisteis** **hicieron**	**fui** **fuiste** **fue** **fuimos** **fuisteis** **fueron**	**supe** **supiste** **supo** **supimos** **supisteis** **supieron**
pretérito imperfecto	decía decías decía decíamos decíais decían	hacía hacías hacía hacíamos hacíais hacían	**iba** **ibas** **iba** **íbamos** **ibais** **iban**	sabía sabías sabía sabíamos sabíais sabían
futuro simple	**diré** **dirás** **dirá** **diremos** **diréis** **dirán**	**haré** **harás** **hará** **haremos** **haréis** **harán**	iré irás irá iremos iréis irán	**sabré** **sabrás** **sabrá** **sabremos** **sabréis** **sabrán**
imperativo	**di**, decid	**haz**, haced	**ve**, id	sabe, sabed
gerundio	d**i**ciendo	haciendo	**yendo**	sabiendo
participio	**dicho**	**hecho**	ido	sabido
presente de subjuntivo	**diga** **digas** **diga** **digamos** **digáis** **digan**	**haga** **hagas** **haga** **hagamos** **hagáis** **hagan**	**vaya** **vayas** **vaya** **vayamos** **vayáis** **vayan**	**sepa** **sepas** **sepa** **sepamos** **sepáis** **sepan**
imperfecto de subjuntivo	**dijera** **dijeras** **dijera** **dijéramos** **dijerais** **dijeran**	**hiciera** **hicieras** **hiciera** **hiciéramos** **hicierais** **hicieran**	**fuera** **fueras** **fuera** **fuéramos** **fuerais** **fueran**	**supiera** **supieras** **supiera** **supiéramos** **supierais** **supieran**
			ebenso: **irse**	

infinitivo	**venir**	**ver**	**caerse**	**dar**
presente	**vengo**	**veo**	me ca**ig**o	**doy**
	v**ie**nes	ves	te caes	das
	v**ie**ne	ve	se cae	da
	venimos	vemos	nos caemos	damos
	venís	v**e**is	os caéis	d**a**is
	v**ie**nen	ven	se caen	dan
pretérito indefinido	**vine**	v**i**	me caí	**di**
	viniste	viste	te ca**í**ste	**diste**
	vino	vi**o**	se ca**yó**	**dio**
	vinimos	vimos	nos ca**í**mos	**dimos**
	vinisteis	visteis	os ca**í**steis	**disteis**
	vinieron	vieron	se ca**y**eron	**dieron**
pretérito imperfecto	venía	**veía**	me caía	daba
	venías	**veías**	te caías	dabas
	venía	**veía**	se caía	daba
	veníamos	**veíamos**	nos caíamos	dábamos
	veníais	**veíais**	os caíais	dabais
	venían	**veían**	se caían	daban
futuro simple	**vendré**	veré	me caeré	daré
	vendrás	verás	te caerás	darás
	vendrá	verá	se caerá	dará
	vendremos	veremos	nos caeremos	daremos
	vendréis	veréis	os caeréis	daréis
	vendrán	verán	se caerán	darán
imperativo	**ven**, venid	ve, ved	cáete, caeos	da, dad
gerundio	v**i**niendo	v**ie**ndo	ca**y**endo	dando
participio	venido	**visto**	ca**í**do	dado
presente de subjuntivo	**venga**	**vea**	**me caiga**	d**é**
	vengas	**veas**	**te caigas**	des
	venga	**vea**	**se caiga**	d**é**
	vengamos	**veamos**	**nos caigamos**	demos
	vengáis	**veáis**	**os caigáis**	d**e**is
	vengan	**vean**	**se caigan**	den
imperfecto de subjuntivo	**viniera**	viera	me ca**y**era	**diera**
	vinieras	vieras	te ca**y**eras	**dieras**
	viniera	viera	se ca**y**era	**diera**
	viniéramos	viéramos	nos ca**y**éramos	**diéramos**
	vinierais	vierais	os ca**y**erais	**dierais**
	vinieran	vieran	se ca**y**eran	**dieran**

ebenso: **provenir**

ebenso: **darse**

infinitivo	**oír**	**poner**	**reír**	**traer**	**tener**
presente	**oigo** oyes oye oímos oís oyen	**pongo** pones pone ponemos ponéis ponen	río ríes ríe reímos reís ríen	**traigo** traes trae traemos traéis traen	**tengo** tienes tiene tenemos tenéis tienen
pretérito indefinido	oí oíste oyó oímos oísteis oyeron	**puse** **pusiste** **puso** **pusimos** **pusisteis** **pusieron**	reí reíste rio reímos reísteis rieron	**traje** **trajiste** **trajo** **trajimos** **trajisteis** **trajeron**	**tuve** **tuviste** **tuvo** **tuvimos** **tuvisteis** **tuvieron**
pretérito imperfecto	oía oías oía oíamos oíais oían	ponía ponías ponía poníamos poníais ponían	reía reías reía reíamos reíais reían	traía traías traía traíamos traíais traían	tenía tenías tenía teníamos teníais tenían
futuro simple	oiré oirás oirá oiremos oiréis oirán	**pondré** **pondrás** **pondrá** **pondremos** **pondréis** **pondrán**	reiré reirás reirá reiremos reiréis reirán	traeré traerás traerá traeremos traeréis traerán	**tendré** **tendrás** **tendrá** **tendremos** **tendréis** **tendrán**
imperativo	oye, oíd	**pon**, poned	ríe, reíd	trae, traed	**ten**, tened
gerundio	oyendo	poniendo	**riendo**	trayendo	teniendo
participio	oído	**puesto**	reído	traído	tenido
presente de subjuntivo	**oiga** **oigas** **oiga** **oigamos** **oigáis** **oigan**	**ponga** **pongas** **ponga** **pongamos** **pongáis** **pongan**	ría rías ría riamos riais rían	**traiga** **traigas** **traiga** **traigamos** **traigáis** **traigan**	**tenga** **tengas** **tenga** **tengamos** **tengáis** **tengan**
imperfecto de subjuntivo	oyera oyeras oyera oyéramos oyerais oyeran	**pusiera** **pusieras** **pusiera** **pusiéramos** **pusierais** **pusieran**	**riera** **rieras** **riera** **riéramos** **rierais** **rieran**	**trajera** **trajeras** **trajera** **trajéramos** **trajerais** **trajeran**	**tuviera** **tuvieras** **tuviera** **tuviéramos** **tuvierais** **tuvieran**
		ebenso: **disponer**, **oponer**, **ponerse**, **proponer**, **suponer**	*ebenso:* **sonreír**	*ebenso:* **atraer**	*ebenso:* **entretener**

GRAMMATISCHE BEGRIFFE | Términos gramaticales

el **adjetivo**	Eigenschaftswort; Adjektiv	**bueno/-a**, **grande**, **genial**
el **adverbio**	Umstandswort; Adverb	cantar **bien**, **enormemente** caro
el **artículo**	Geschlechtswort; Artikel	**el** hombre, **las** mujeres, **un** coche, **una** bici
el **artículo determinado**	bestimmter Artikel	**el** móvil, **las** chicas
el **artículo indeterminado**	unbestimmter Artikel	**un** chico, **una** amiga, **unas** gafas
cantidades	Mengenangaben	**un poco de** arroz, **un litro de** leche
la **colocación**	Stellung	Ich sage **es ihm**. = **Se lo** digo.
el **comparativo**	Komparativ	**más** alegre **que**, **menos** alto **que**
el **complemento directo**	direktes Objekt; Akkusativobjekt	Veo **la casa**. Elena busca **a Pedro**.
el **complemento indirecto**	indirektes Objekt; Dativobjekt	Le escribo **a Juan**.
el **condicional**	Konditional; Condicional	**llamaríamos**
el **condicional compuesto**	Condicional Compuesto	**habría tomado**
el **conector**	Verbindungswort; Konnektor	**ya que**, **no obstante**
la **conjunción**	Bindewort; Konjunktion	**y**, **pero**, **porque**
la **consonante**	Mitlaut; Konsonant	**b**, **c**, **l**, **r**
la **construcción pasiva**	unpersönliche Konstruktion	**Se vende.**
el **determinante**	Begleiter	**mucho** dinero, **ese** libro
el **determinante demostrativo**	hinweisender Begleiter; Demonstrativbegleiter	**este** chico, **esa** chica, **aquel** vestido
el **determinante indefinido**	unbestimmter Begleiter; Indefinitbegleiter	**mucho** dinero, **poca** comida
el **determinante posesivo**	besitzanzeigender Begleiter; Possessivbegleiter	**mi** hermano, **nuestro** colegio
el **diminutivo**	Verkleinerungsform; Diminutiv	el gat**ito**, la llave**cita**
el **diptongo**	Doppellaut; Diphthong	b**ue**no, b**ai**lar
el **estilo indirecto en el pasado**	indirekte Rede in der Vergangenheit	**Dijo que** no podía venir.
el **estilo indirecto sin cambio de tiempo verbal**	indirekte Rede ohne Zeitverschiebung	**Dice que** no puede venir.
femenino	weiblich; feminin	**la** chica
la **forma irregular**	unregelmäßige Form	**voy**
la **forma regular**	regelmäßige Form	**hablo**
la **frase**	Satz	**Ana come un bocadillo.**
la **frase condicional irreal en pasado**	irrealer Bedingungssatz der Vergangenheit	**Si no hubiera llovido, habríamos salido.**
la **frase condicional irreal en presente**	irrealer Bedingungssatz der Gegenwart	**Si no lloviera, saldríamos.**
la **frase condicional real**	realer Bedingungssatz	**Si hace buen tiempo, voy a salir.**
la **frase relativa**	Relativsatz	El pastel **que está en la mesa.**

la **frase subordinada**	Nebensatz	**Cuando hablé con ella**, me puse nervioso.
el **futuro inmediato**	unmittelbares Futur	**Voy a** estudiar.
el **futuro simple**	Futur I	**escribiré**
el **género**	Geschlecht; Genus	**la** chic**a**, **el** móvil
el **gerundio**	Verlaufsform; Gerundio	**trabajando**, **escribiendo**
el **imperativo**	Befehlsform; Imperativ	¡**Trabaja**!, ¡**Trabajad**!
el **imperativo negativo**	verneinter Imperativ	¡**No hables**!
el **imperfecto de subjuntivo**	Imperfecto de Subjuntivo	Quería que me **acompañara**.
los **indicadores temporales**	Zeitangaben	**hasta** las cuatro, **durante** el día
el **indicativo**	Indikativ (Aussageweise, Modus)	**hablo**, **comemos**, **vas**
el **infinitivo**	Grundform (des Verbs); Infinitiv	**llegar**, **comer**, **vivir**
masculino	männlich; maskulin	**el** trabaj**o**
la **negación**	Verneinung	**No** trabaja. **No** pasa **nada**.
el **número ordinal**	Ordnungszahl	el **primer** día, la **cuarta**
el **participio**	Partizip	**trabajado**, **hecho**
el **pasado**	Vergangenheit	**He ido** / **Fui** / **Iba** al cine.
el **plural**	Mehrzahl; Plural	**los** amigo**s**, **las** flore**s**
el **pluscuamperfecto de subjuntivo**	Pluscuamperfecto de Subjuntivo	**hubiera comido**
la **preposición**	Verhältniswort; Präposition	**a**, **de**, **para**, **delante de**
el **presente**	Gegenwart; Präsens	**Voy** al cine.
el **presente de subjuntivo**	Presente de Subjuntivo	Espero que **vengas**.
el **pretérito imperfecto**	Imperfekt	**hablaba**, **había**
el **pretérito indefinido**	Indefinido (Vergangenheitsform)	**trabajé**, **comieron**
el **pretérito perfecto**	Perfekt	**he trabajado**, **han estado**
el **pretérito pluscuamperfecto**	Plusquamperfekt	**habíamos olvidado**
el **pronombre**	Fürwort; Pronomen	**ella**, **vuestro**, **me**, ¿**cuál**?, **que**
el **pronombre de complemento directo**	direktes Objektpronomen; „Akkusativpronomen“	¿Y Ana? No **la** veo.
el **pronombre de complemento indirecto**	indirektes Objektpronomen; „Dativpronomen“	Ana **le** escribe a Puri.
el **pronombre interrogativo**	Fragewort; Interrogativpronomen	¿**Dónde** vives? ¿**Cuánto** dinero tienes?
el **pronombre personal**	Personalpronomen; Subjektpronomen	**yo**, **tú**, **nosotros/-as**
el **pronombre posesivo**	Possessivpronomen	**(el) mío**, **(los) suyos**, **(la) vuestra**

el **pronombre reflexivo**	Reflexivpronomen	**me** quejo, **nos** acordamos
el **pronombre relativo**	Relativpronomen	**que**
el **singular**	Einzahl; Singular	**una** hermana, **un** profesor
el **subjuntivo**	Subjuntivo (Aussageweise, Modus)	**hables**, **comamos**, **vayas**
el **superlativo**	Superlativ	**el** chico **más** alto
el **superlativo absoluto**	absoluter Superlativ	una ciudad **grandísima**
el **sustantivo**	Nomen; Substantiv	el **hermano**
el **verbo**	Zeitwort; Verb	**comer**, **estudiaste**
el **verbo auxiliar**	Hilfsverb	**haber**, **ser**, **estar**
el **verbo modal**	Modalverb	**poder** hablar, **tener que** estudiar
el **verbo reflexivo**	rückbezügliches Verb; reflexives Verb	**sentarse**, **irse**
la **vocal**	Selbstlaut; Vokal	**a**, **e**, **i**, **o**, **u**
la **voz pasiva**	Passiv	El blog **fue actualizado**.

INDEX | Índice

Was du schon weißt

Band 4

¡Apúntate! 4
Lehrwerk für Spanisch als zweite Fremdsprache
Grammatikheft

Im Auftrag des Verlages erarbeitet von
Joachim Balser

und der Redaktion Fremdsprachen in der Schule:
Nadine Stephan

Projektleitung: Heike Malinowski
Redaktionelle Assistenz: Ute Gebel

Beratende Mitwirkung: Dr. Barbara Köberle

Illustrationen: Rafael Broseta, Valencia
Umschlagfoto: © photos4you / Jürgen Stumpe
Gesamtgestaltung und technische Umsetzung: werkstatt für gebrauchsgrafik, Berlin

Materialien zu ¡Apúntate! 4:
Schülerbuch ISBN 978-3-06-020586-8
Vokabeltaschenbuch ISBN 978-3-06-020592-9
Cuaderno de ejercicios ISBN 978-3-06-020587-5
Audio-CD ISBN 978-3-06-020590-5
Video-DVD ISBN 978-3-06-021040-4
Handreichungen für den Unterricht ISBN 978-3-06-020591-2
Folien ISBN 978-3-06-020701-5

www.cornelsen.de

1. Auflage, 3. Druck 2016

Druck: DBM Druckhaus Berlin-Mitte GmbH

ISBN 978-3-06-020589-9